T0169810

QU'EST-CE QUE LE TERRORISME ?

CHEMINS PHILOSOPHIQUES

Collection dirigée par Magali BESSONE et Roger POUIVET

Cyrille BRET

QU'EST-CE QUE LE TERRORISME ?

PARIS

LIBRAIRIE PHILOSOPHIQUE J. VRIN

6 place de la Sorbonne, V e

2018

E. Kant, *Projet de paix perpétuelle. Esquisse philosophique* (1795),
trad. fr. J. Gibelin
© Paris, Vrin, 2013, « Première section contenant des articles
préliminaires en vue d'une paix perpétuelle entre les États »,
article 6, p. 21-23.

M. Walzer, *Guerres justes et injustes. Argumentation morale
avec exemples historiques*, trad. fr. S. Chambon et A. Wicke
© Paris, Éditions Belin, 1999 pour la traduction française.
Reproduit avec l'aimable autorisation des Éditions Belin.

© *Librairie Philosophique J. VRIN*, 2018
Imprimé en France
ISSN 1762-7184
ISBN 978-2-7116-2831-5
www.vrin.fr

LA PHILOSOPHIE AU DÉFI DU TERRORISME

Le débat public sur le terrorisme est aujourd'hui presque saturé : la parole journalistique détaille les bilans tragiques des attentats ; le discours psychologique décrit les trajectoires de la radicalisation ; les sciences politiques sondent les ressorts du djihadisme. Ces discours répondent assurément aux préoccupations du public – qui veut comprendre. Ils nourrissent aussi les stratégies des pouvoirs publics – qui veulent agir. Tous ces registres d'analyse ont leur légitimité, c'est l'évidence. Mais ils laissent une place limitée au discours philosophique sur le terrorisme, pourtant vivace. Sans doute le discours philosophique apparaît-il moins adapté à l'urgence perpétuelle dans laquelle les terrorismes et les politiques anti-terroristes nous plongent. Moins actuelle et plus intempestive, l'analyse philosophique peut néanmoins donner un recul sur les obsessions et les simplifications contemporaines. C'est nécessaire car celles-ci peuvent renforcer l'effet de terreur.

Plusieurs fausses évidences obscurcissent l'analyse des terrorismes. La première concerne la nature du terrorisme : il est fréquemment réduit au djihadisme international actuel. L'analyse philosophique, appuyée sur la perspective historique, montre la diversité des terrorismes. Elle évite de réduire les débats sur le terrorisme à la question de savoir si l'islam est terroriste par essence ou par accident. La deuxième simplification récurrente porte sur l'anti-terrorisme : il est soit érigé en nouveau paradigme de l'État (la guerre au terrorisme) soit critiqué comme fossoyeur des démocraties (l'état d'urgence indéfini). Là encore, la légitime horreur devant les attentats doit conduire à certaines précautions : l'anti-terrorisme n'est ni le nouveau paradigme de l'organisation des pouvoirs publics (il existe d'autres politiques publiques, pour le logement, le développement économique, etc.) ni la cause d'un inévitable glissement vers la prolongation indéfinie des législations d'exception. En la matière, tout est affaire de limitations proportionnées à l'enjeu.

Les terrorismes soulèvent de nombreux défis propre- ment philosophiques. La présente étude est structurée autour de l'examen successif de quatre d'entre eux.

Le premier défi est le scepticisme définitionnel. Lieu commun des débats sur le terrorisme, définir celui-ci serait impossible : trop divers dans le temps et l'espace, les terrorismes ne pourraient être rangés sous la même étiquette qu'au prix d'une illusion nominaliste ; trop polémique, le terme « terroriste » serait une insulte politique plutôt qu'un concept philosophique ; tautologiques, les définitions juridiques du terrorisme seraient sans valeur explicative. Ce scepticisme définitionnel n'a pourtant pas l'évidence qu'il prétend avoir : par-delà l'hétérogénéité des phénomènes terroristes, des traits récurrents ne peuvent-ils être isolés dans l'indistinction entre victimes civiles et cibles militaires, dans l'effet collectif visé, etc. ?

LES PHILOSOPHIES AU DÉFI DU TERRORISME   9

Le deuxième défi philosophique concerne l'articulation entre État et terrorisme. Souvent théorisé – et parfois justifié comme tel – comme une tactique du faible au fort, le terrorisme est-il nécessairement le fait de groupes infra-étatiques qui défient des États établis ? La notion de « terrorisme d'État » est-elle une contradiction dans les termes ? Ou bien la Terreur révolutionnaire et les régimes totalitaires peuvent-ils être à bon droit qualifiés de terroristes ? Dans ce cas, les terrorismes (étatiques ou non) seraient des techniques de domination par la terreur utilisées aussi bien par certains pouvoirs publics que par certains de leurs opposants.

En conséquence, les démocraties sont spécifiquement mises au défi par les terrorismes. C'est le troisième enjeu philosophique : attaquées en tant que régimes garantissant des libertés sont-elles condamnées à réagir en tant qu'États potentiellement oppressifs ? Face aux terrorismes, les régimes démocratiques paraissent pris dans une alternative insoluble : soit ils sont respectueux des droits fondamentaux et sont condamnés à l'inefficacité ; soit ils privilégient l'efficacité au détriment des libertés individuelles et se renient.

Enfin, le statut de la terreur comme affect politique est en jeu. La politique serait au seuil d'un « âge de la terreur ». C'est aller un peu vite en besogne. Quelles sont au juste la teneur et la portée politiques précises de cette passion collective ? Est-elle réductible à une « peur extrême » ou maximale ? Ou bien est-elle une passion « anti-politique » au sens où, utilisée pour établir une domination, elle ruinerait les conditions de possibilité de la paix civile comme de la paix internationale ?

PEUT-ON DÉFINIR LE TERRORISME ?

C'est un lieu commun des discussions sur le terrorisme : il serait indéfinissable.

Assurément, les conventions internationales[1] se multiplient et les tentatives de définitions avec elles. Au fil des dernières décennies, les États membres de l'Organisation des Nations-Unies (ONU) ont adopté plus de seize traités sur le terrorisme. De même, les législations nationales sur le terrorisme et l'anti-terrorisme se développent à mesure que les modes d'action évoluent, que l'origine de la menace change, que les sources de financement se diversifient et que les attentes du public à l'égard des États se renforcent[2]. Ces textes tentent parfois de définir leur objet[3]. Mais les formules ou les éléments définitionnels contenus par ces textes normatifs peinent à créer un consensus parmi la communauté internationale ou au sein des sociétés civiles.

Par exemple, pour certains États, comme la République Populaire de Chine et la Fédération de Russie, les

1. www.un.org/fr/sc/ctc/laws.html.
2. Ainsi, les articles du Titre II du *Code pénal* « Du terrorisme », ont-ils été complétés, à partir de la version de 1996, en 2016, 2001, 2004, 2011, 2012, 2014, 2016 et 2017.
3. Ainsi, le code pénal français, à son article 421-1 dispose : « Constituent des actes de terrorisme, lorsqu'elles sont intentionnellement en relation avec une entreprise individuelle ou collective ayant pour but de troubler gravement l'ordre public par l'intimidation ou la terreur, les infractions suivantes : (…) ».

formules onusiennes caractérisant le terrorisme sont trop
étroites et ne précisent pas la nature réelle du terrorisme
autrement dit la sédition contre les États souverains.
Pour d'autres acteurs, et notamment les associations de
défense des droits fondamentaux et les mouvements de
libération nationale, ces définitions sont trop larges car
elles englobent toutes les formes violentes de contestation
dans un même discrédit.

Ainsi, le doute s'instille sur la possibilité même de
définir le terrorisme et donc d'identifier la menace.

Les difficultés pour définir le terrorisme

Quelles sont les raisons d'estimer le terrorisme
indéfinissable en soi ?

Les définitions nationales ou internationales sont
généralement critiquées pour leur caractère **tautologique**.
En effet, plusieurs caractérisations juridiques du terrorisme placent la production de la terreur au premier plan.
Par exemple, dans la définition du code pénal français, on
peut déceler une formulation circulaire : le terrorisme est
ce qui crée la terreur. Et, en retour, la terreur est l'effet que
produit le terrorisme. La valeur explicative de la formule
reste limitée. Du moins tant que la teneur spécifique
de la terreur n'est pas spécifiée, par différence avec la
peur, la crainte, la panique ou le stress. Ce sera l'objet
de la dernière section de la présente étude. Mais définir
est-il bien l'objet d'un texte conventionnel, législatif
ou réglementaire dont la vocation est d'interdire ou
d'autoriser ?

La deuxième source de doute tient aux précisions
données par ces textes normatifs. Ils confondent le
« comment ? » avec le « qu'est-ce ? ». Autrement dit
ils mettent l'accent sur les modes d'organisation et

d'action des terroristes plutôt que de définir le terrorisme lui-même. Par exemple, ils détaillent les différents types d'organisations terroristes : partis de révolutionnaires professionnels (nihilistes russes, léninistes), armées secrètes (Brigades rouges, IRA), réseaux internationaux (Al Qaida), nébuleuses de franchisés, organisations proto-étatiques (Daech, FARC). Les modes d'organisation ne peuvent pourtant pas constituer un ancrage définitionnel car les modes d'actions sont, par construction, hautement évolutifs, afin de renforcer les effets de surprise, de choc et de visibilité médiatique. Les discours politiques, juridiques, administratifs et historiques sur les terrorismes sont centrés sur l'évolution des procédés de terreur. Le discours philosophique peut, lui, faire apparaître les continuités et ainsi amortir les chocs suscités par les attaques, attentats ou sabotages. De même, le code pénal français, à l'article où le terrorisme est défini, énumère les modes d'action susceptibles d'être utilisés pour inspirer la terreur et troubler l'ordre public : enlèvements, détournements, atteintes à la vie et à l'intégrité physique de la personne, etc. Mais, là encore on ne saisit pas la différence entre ces actes et les crimes de droit commun, si ce n'est dans l'intention de susciter la terreur, ce qui reconduit à la définition circulaire.

Difficulté supplémentaire, le terrorisme est éminemment évolutif dans ses causes et dans ses tactiques de sorte que le mot de « terrorisme » paraît trop polysémique pour recevoir une définition univoque. A la limite, quoi de commun entre le terrorisme individuel ciblant ses victimes précises au prix du sacrifice suprême [1],

---

1. A. Camus, *L'homme révolté* (1951), Paris, Folio-Gallimard, 2013, partie III, p. 193-312.

le terrorisme utilisé comme arme de dissuasion du faible au fort, et le terrorisme de masse qui cherche à détruire directement son adversaire en réalisant les massacres les plus grands possible?[1].

C'est ce qui rend les contours du terrorisme évanescents : il n'est discernable ni de la guérilla ni du crime organisé ni du militantisme politique. Ainsi, la porosité est manifeste avec la guerre de partisan dont le modèle est donné par le guérillero espagnol en lutte contre les troupes napoléoniennes entre 1808 et 1813. Selon Carl Schmitt, le partisan se définit par une série de critères cumulatifs par différence avec le soldat régulier en campagne[2] : il est un combattant irrégulier, dont le motif principal est politique, dont les liens avec une organisation politique sont possibles et dont le mode d'action privilégié est la surprise. Enfin, il a un caractère « tellurique » au sens où il défend une terre (*tellus*). Le terroriste remplit certains de ces critères sans en remplir d'autres de sorte qu'il est difficile de tracer une frontière nette avec le partisan : il est bien, (comme le pirate), un combattant irrégulier autrement dit pas un soldat en uniforme portant les armes de façon apparente ; il est, à la différence du bandit ou du mafieux, motivé par des raisons politiques et lié à une organisation à vocation politique ; de même, il recourt à la surprise pour remédier, comme le *guérillero*, à un déséquilibre de forces avec l'ennemi régulier. Mais est-il toujours tellurique au sens où il défend une "terre natale"? Certains terroristes

---

1. F. Heisbourg, *L'hyperterrorisme : la nouvelle guerre*, Paris, Odile Jacob, 2001.

2. C. Schmitt, *Théorie du partisan* (1963), trad. fr. M.-L. Steinhauser, Paris, Flammarion, 1992, p. 218-223.

notamment révolutionnaires sont offensifs. Et où est la terreur, censée singulariser le terroriste alors qu'il la partage avec les groupes criminels organisés qui mettent en coupe réglée des villes entières grâce à l'intimidation des populations civiles ? La comparaison entre terroriste et partisan souligne la porosité de la notion : sans contours précis, le terrorisme paraît indéfinissable.

A ces difficultés tenant à l'objet même à définir s'ajoutent les usages du nom "terroriste". Loin d'être un concept, « terroriste » est une invective politique. C'est l'autre nom de l'ennemi. En témoigne l'usage proliférant du terme « terroriste » par les pouvoirs publics. Polémique, le terme est aussi indéfinissable car relatif. Le « terroriste » c'est toujours l'autre et jamais soi-même[1]. Peu de courants sont enclins à se désigner eux-mêmes comme « terroristes ». Les terroristes des uns ne seraient que les résistants des autres. Par exemple, plusieurs organisations luttant contre l'occupation nazie durant la Deuxième Guerre Mondiale ont utilisé des techniques terroristes[2]. Mais elles revendiquent le nom de « mouvements de libération » ou de « résistances nationales », pas de terroristes. Il est donc impossible de donner une définition du terrorisme indépendamment de la position de celui qui définit dans la lutte politique.

On le voit : le scepticisme définitionnel concernant le terrorisme repose sur des arguments solides. Et il reflète en fait des approches philosophiques antagonistes

---

1. M. Walzer, « Critique de "l'excuse" : le terrorisme et ses justificateurs », dans *De la guerre et du terrorisme*, trad. fr. C. Fort, Paris, Bayard, 2004, p. 80-

2. G. Challiand et A. Blin, « L'invention de la terreur moderne », dans G. Challiand et A. Blin (dir.), *Histoire du terrorisme de l'Antiquité à Al Qaida*, Paris, Bayard, 2004, p. 107.

du terrorisme : par exemple, le considérer avant tout une arme de résistance ou de dissuasion du faible au fort lui donne des caractéristiques bien différentes d'une conception qui en fait un système de domination tyrannique grâce à la terreur[1].

De la définition à la typologie

Pour remédier à ces objections de principes, plusieurs angles de définition sont proposés qui parfois se chevauchent et parfois entrent en concurrence.

Ainsi, les **définitions historiques** sont séduisantes parce qu'elles coupent court à toute équivoque en délimitant le sujet : « D'un point de vue historique, la Terreur commence le 5 septembre 1793 sous la Convention et se termine le 27 juillet 1794 avec la chute de Robespierre (9 Thermidor), soit une période de moins d'une année.[2] ». Mais elles manquent la diversité des terrorismes et sont donc partielles. Ainsi en va-t-il de la définition du terrorisme qui fait son entrée dans le *Dictionnaire de l'Académie française* en 1798 et qui en fait le courant favorable à la Terreur robespierriste. Il est évident que cette définition ne rend compte ni de l'usage linguistique ni des figures contemporaines du terrorisme (et là le défini ne trouve pas son explication dans la définition). La définition est inadéquate au défini car trop réductrice.

La définition par les effets psychologiques est, elle, suffisamment large : dans cette perspective, le terrorisme

---

1. C. Bret, « The Definition of Terrorism and the Challenge of Relativism », in *Cardozo Law School Review*, New York, 2006, Vol. 27/05.

2. G. Challiand et A. Blin, « L'invention de la terreur moderne », *op. cit.*, p. 111.

est le mode d'action qui vise la production de la terreur. Ainsi, la définition couvre un vaste champ de violences politiques, de la terreur révolutionnaire aux régimes totalitaires et des actions anarchistes du XIXe siècle au djihadisme contemporain. Cette définition a le mérite de la cohérence mais laisse encore inexpliquée la notion même de terreur. Mais surtout, elle ne permet pas de distinguer clairement le terrorisme du crime organisé « ordinaire » comme celui du narcotrafiquant qui met en coupe réglée un territoire par le biais de règlements de compte sanglants. Et la différence entre la « peur du gendarme » et la « terreur du terroriste » demeure encore obscure.

La **définition du terrorisme par ses tactiques** a les avantages mais aussi des lacunes similaires. La production de la terreur par des moyens non-conventionnels, surprenants, choquants et terrifiants rend compte d'un aspect important des terrorismes dans leur diversité. En particulier elle met en lumière la solidarité étroite entre les diverses formes de terrorismes, leurs tactiques et les moyens technologiques. Il y a une étroite corrélation entre les techniques utilisées et l'effet psychologique dans la mesure où la terreur tient au fait que l'opinion et l'État sont pris de court par l'utilisation de technologies nouvelles ou de modes opératoires inattendus. Par exemple, dans la deuxième partie du XIXe siècle, la terreur urbaine est obtenue par les anarchistes comme Ravachol grâce à des explosifs puissants devenus accessibles dans les sociétés industrialisées et grâce à la couverture médiatique rendue possible par la presse à grands tirages. La terreur anarchiste est produite par la combinaison entre surprise tactique, innovation technologique et développement médiatique[1]. Économie de moyens, utilisation de technologies neuves, effets médiatiques démultipliés, etc., tous ces facteurs concourent à la production de la terreur par la violence. Mais, dans cette perspective, la frontière entre le guérillero, le partisan, l'agent des forces spéciales, etc. devient floue[2].

Quant à la définition par l'auteur, elle butte sur le désaccord entre ceux qui tiennent que le terrorisme est une arme du faible, des groupes dissidents, des mouvements infra-étatiques et ceux qui soutiennent que le premier terroriste, chronologiquement, est toujours un État et que les terrorismes non-étatiques en sont les produits dérivés. Elle achoppe également sur les formes de terrorisme proprement individuel, qu'il s'agisse du révolté camusien ou du « loup solitaire » des criminologues contemporains. Individuel et collectif, étatique et anti-étatique, on retrouve le terrorisme « ici et là[3] » pour reprendre l'expression de Foucault, de sorte que l'analyse du type d'auteur ne donne pas de définition solide. L'absence de consensus reflète des mises en accusation symétriques et fait dériver le débat conceptuel sur les rivalités politiques.

1. G. Challiand et A. Blin, « L'invention de la terreur moderne », *op. cit.*, p. 106 : « Les progrès réalisés durant la seconde moitié du XIXᵉ siècle en termes de technique des explosifs vont contribuer sensiblement à l'éclosion de mouvements terroristes qui, par définition, constituent une forme de lutte au coût peu élevé et au potentiel de rendement inversement proportionnel aux moyens engagés et, souvent, aux risques encourus. »

2. *Ibid.*, p. 107.

3. M. Foucault, « Le terrorisme ici et là », dans D. Defert et F. Ewald (dir.), *Dits et écrits, II 1976-1988*, Paris, Gallimard, 2001 ; tome II (1976-1988), texte n°316, p. 1137-1139.

Face à ces apories définitionnelles, la tentation est grande de renoncer à formuler une définition universelle et unique et de se tourner vers une typologie non close : le terrorisme n'existant pas comme tel, il faut se contenter de caractériser différents types de terrorismes : nationaliste, régionaliste, indépendantistes, mondial, révolutionnaire, conservateur, etc. En somme on ne définit plus, on catalogue. Cela suffit sûrement d'un point de vue pragmatique mais ne remédie pas au relativisme qui prévaut dans les discussions sur le terrorisme.

La définition par les victimes

Quels que soient les angles choisis, les définitions buttent soit sur leur trop large extension soit sur leur étroitesse. Elles manquent l'objet soit en prenant la partie pour le tout soit en le confondant avec des notions proches. Pour rendre compte à la fois de la diversité et de l'évolutivité mais aussi de la spécificité du terrorisme, il est donc nécessaire de combiner ces critères grâce à un autre angle de définition.

Définir le terrorisme par le statut des victimes permet de préciser la nature différentielle la terreur produite. Pour établir un climat de terreur, les terroristes qu'ils soient étatiques ou non, en position de force ou non, utilisent une violence indiscriminée : autrement dit, ils blessent et tuent n'importe qui dans une population donnée afin de produire un sentiment de « vulnérabilité généralisée ». Chacun se sent vulnérable car la violence peut frapper n'importe qui (soldat ou non), n'importe quand (en temps de paix et en temps de guerre) et n'importe où (au stade, à l'école). La surprise et la disproportion dans l'exercice de la violence ne sont que des adjuvants dans la production de ce sentiment particulier de pouvoir être victime n'importe quand. Le premier critère à retenir est donc « l'innocence » des victimes. Le terrorisme se caractérise par le fait qu'il frappe des « innocents ». Il ne s'agit pas d'innocence morale ou pénale : pour inspirer la terreur, il ne convient pas de punir des personnes qui pourraient être considérées comme coupables. Il s'agit d'une innocence fonctionnelle : la victime du terrorisme n'a pas de fonction définie dans l'exercice de la violence. Le point de comparaison est à prendre à la guerre. Le soldat régulier, en uniforme doté d'insignes distinctifs, portant les armes apparentes et investi par ses autorités publiques de la mission de défendre les intérêts nationaux par la violence armée n'est pas innocent fonctionnellement comme le civil. Toutes ces caractéristiques manifestes le signalent comme une source de violence armée potentielle pour l'autre camp. Sans être coupable, il est une menace par fonction et peut donc être tué légitimement dans un conflit armé. Il n'en va pas de même pour le non-combattant et le civil. Ceux-ci sont innocents fonctionnellement au sens où ils ne prennent pas part à l'administration de la violence armée. Et le choix de moyens violents indiscriminés (explosifs, gaz, etc.) est solidaire de cette production de la terreur dans une masse de population.

Cette définition mérite néanmoins d'être complétée et précisée.

D'une part, parce que certains mouvements terroristes ont tendance à dilater sans fin la sphère de la culpabilité : pour un anarchiste révolutionnaire, tout bourgeois peut concourir à l'oppression des classes populaires. Il a donc une culpabilité économique et politique. De même, pour un terroriste anti-sioniste, tout citoyen d'Israël, même engagé dans un mouvement pacifiste à titre personnel, peut être considéré comme coupable de l'occupation et de la colonisation. Contre cette tendance à étendre sans fin la culpabilité, il faut donc opposer la définition par le statut des victimes comme innocents fonctionnels.

D'autre part, cette définition entre en tension avec plusieurs pratiques terroristes consistant à frapper les représentants civils d'un État : un général, un haut fonctionnaire, un parlementaire, un élu. Par exemple, l'assassinat du Président de la République française de Sadi Carnot par Caserio en 1894 est-il un acte terroriste ? Peut-il être décrit comme « violence produisant la terreur par l'attaque de victimes fonctionnellement innocentes » ? Un chef d'État est un civil et c'est en même temps un représentant de l'État qui, à ce titre, dirige ou influence la politique d'un État. De plus, frapper un chef d'État circonscrit les sphères de peur à certains dignitaires, à la différence d'un attentat à l'explosif dans un marché ou une rue. Il convient donc de souligner que l'assassinat politique – aussi condamnable soit-il – est à distinguer en l'espèce de l'acte de terrorisme même s'ils peuvent partager plusieurs caractéristiques et s'ils peuvent être articulés au sein d'une même stratégie.

Enfin, cette définition ne rend qu'implicitement compte du caractère triangulaire de la violence terroriste. Il faut donc l'expliciter : la terreur au sens d'affect collectif de « vulnérabilité généralisée » est produite par un certain usage de la communication. La violence terroriste s'exerce sur des victimes mais est également destinée à plusieurs autres audiences. En faisant des victimes symboliques ou en faisant le maximum de victimes, en produisant le choc maximal, par l'horreur, la surprise ou la cruauté, l'action terroriste n'a pas pour fin ultime d'anéantir, mutiler ou traumatiser les victimes elles-mêmes. Celles-ci sont utilisées comme des moyens pour adresser un message à l'opinion publique, aux autorités étatiques, à la communauté internationale ou aux rivaux politiques des terroristes. Son contenu varie selon les causes et selon les stratégies. Mais la violence est triangulaire au sens où elle ne s'exerce pas principalement dans le face-à-face entre les auteurs et les cibles : un tiers composé des différentes audiences du terrorisme est visé comme destinataire de ce message.

Violence et non pas simple menace, destinée à susciter un affect de vulnérabilité collective et non pas seulement à renverser le rapport de force militaire, construite sur un triangle ou les victimes ne sont pas des fins mais des moyens, tels sont les éléments d'une formule définitionnelle capable de tenir la diversité des terrorismes sans faire disparaître la spécificité du terrorisme par rapport aux violences proches.

L'ÉTAT PEUT-IL ÊTRE TERRORISTE ?

« Ici et là » : le terrorisme est-il partout ?

Le 3 septembre 1982, Foucault répond aux questions de *Libération*[1] sur l'attentat contre le restaurant Goldenberg et l'arrestation, à Vincennes, de militants nationalistes irlandais accusés de terrorisme : « L'Europe doit lutter contre le terrorisme. C'est vrai. Mais le plus dangereux terrorisme que l'Europe connaisse, nous venons d'en voir les manifestations avec les trois morts, les centaines de blessés et les milliers d'arrestations à Varsovie, à Gdansk, à Lublin... ». Le terrorisme est « ici et là » : du côté de l'IRA et de l'OLP mais aussi du côté de l'URSS et des États colonialistes. L'articulation entre État et terrorisme demande donc clarification.

Certains attribuent à l'État la paternité historique et conceptuelle de la terreur. En effet, la « Terreur » est mise à l'ordre du jour de la Convention en 1793 et « terroriste » entre au *Dictionnaire de l'Académie française* en 1798 pour désigner les partisans de la politique robespierriste. Mais est-ce une question de terminologie ? Qu'il s'agisse de la Terreur robespierriste, des purges staliniennes, des génocides nazis, etc., toutes ces techniques constituent-elles la matrice du terrorisme ? Un soupçon se développe

1. M. Foucault, « Le terrorisme ici et là », *op. cit.*, texte n°316, p. 1137-1139.

même : l'État n'est-il pas toujours, au fond, terroriste par la crainte qu'il cherche à inspirer à ses opposants et ses adversaires ?

Si l'État est le premier terroriste, quel est le statut des terrorismes non étatiques ? Dans le langage ordinaire actuel, le terrorisme est le fait de groupes infra-étatiques contestant le monopole étatique sur la violence. Et « terrorisme d'État » serait une contradiction dans les termes. Mais on voit bien l'instrumentalisation oppressive ouverte par cette thèse : si tout terrorisme est un défi à l'État, alors tout défi à l'État peut être qualifié de « terroriste ».

La Révolution française, matrice du terrorisme d'État ?

Si on s'en tient à l'usage de la terreur en politique et à la guerre, le terrorisme précède largement la Révolution. C'est une évidence : « Il existait bien avant que le terme soit inventé à l'occasion de la Terreur de 1793-1794.[1] » Pourquoi la séquence robespierriste fascine-t-elle au point de dominer les débats sur l'articulation entre État et politique de terreur ? La Terreur constitue un épisode somme toute bref de la Révolution française. Mais elle hante tout le XIXe siècle européen : « L'héritage de la Terreur a empoisonné toute la suite de l'histoire révolutionnaire et, au-delà, toute la vie politique française du XIXe siècle.[2] » Et elle sert de modèle à plusieurs mouvements politiques, comme le parti bolchévique durant la guerre

---

1. G. Chaliand, « L'invention de la terreur moderne », *op. cit.*, p. 109.
2. F. Furet, « Terreur », dans F. Furet et M. Ozouf (dir.), *Dictionnaire critique de la Révolution française*, Paris, Flammarion, 2017, tome 1 « Événements », p. 307.

civile en Russie de 1917 à 1921. C'est à ce titre qu'on lui attribue le statut d'un paradigme du terrorisme en général et du terrorisme d'État en particulier[1].

C'est que, pour Constant[2], Marx[3] ou encore Arendt, la Révolution donne naissance aux mots du terrorisme mais également à ses cadres fondamentaux. Quels sont-ils ?

La Terreur commence comme passion populaire. Le 5 septembre 1793, envahie par la foule, la Convention met la Terreur à son ordre du jour. Elle promet de systématiser la répression contre les accapareurs accusés d'organiser la pénurie, les espions de l'étranger et tous les traîtres à la Révolution. La Terreur naît d'une peur panique face aux menaces cachées et s'amplifie avec le déclenchement des guerres et les revers des armées françaises. La violence est d'abord le fait de la foule parisienne qui assassine plusieurs dignitaires de l'Ancien Régime et massacre des prisonniers de droit commun dans les prisons de Paris entre le 2 et le 6 septembre 1793. Elle se radicalise en effaçant « définitivement la ligne qui sépare opposition et trahison »[4].

Au fil de 1793 la Terreur change de statut et devient une politique d'État organisée par l'administration, régie par la législation et réclamée par la représentation nationale[5]. Elle se donne un Tribunal révolutionnaire le

1. G. Chaliand, « L'invention de la terreur moderne », op. cit., p. 112.

2. B. Constant, Des effets de la Terreur (1797), dans B. Constant, Écrits et discours politiques, Paris, Pauvert, 1964, tome 1, p. 95-112.

3. K. Marx et F. Engels, « Bataille critique contre la Révolution française », dans La Sainte Famille ou critique de la critique critique. Contre Bruno Bauer et consorts (1845), dans K. Marx, Philosophie, Paris, Folio-Gallimard, 1996, chap. VI, p. 263-272.

4. F. Furet, « Terreur », op. cit., p. 294.

5. F. Furet, « Terreur », op. cit., p. 299.

11 mars 1793 et crée des comités de surveillance le 21 mars pour identifier les « suspects » à travers le territoire. L'indépendance des juges n'est pas garantie : ils sont nommés par la Convention sur proposition des Comités de salut public et de sûreté générale. Les droits de la défense sont réduits et les juges rendent leurs conclusions à haute voix. La Terreur se donne également un cadre légal : la loi du 22-Prairial an II (10 juin 1793) donne au Tribunal révolutionnaire la mission redoutablement vague « de punir les ennemis du peuple ». En supprimant l'instruction et en privant les accusés du droit de recourir à un avocat, elle prend le tour d'une justice expéditive et politique. La Terreur est même théorisée par Robespierre à la Tribune de la Convention[1] en février 1794 : ce discours érige la Terreur en instrument de construction d'un nouvel ordre politique et social.

La Terreur fait près de 16 000 victimes entre 1793 et 1794. Elle connaît deux pics en décembre 1793-janvier 1794 et en juin-juillet 1794 au moment où la guerre bat son plein puis à la période où les rivalités entre robespierristes et dantonistes sont à leur paroxysme. Ces exécutions résultant des condamnations des tribunaux se doublent d'arrestations : elles concernent, de mars 1793 à juillet 1794, un demi-million de personnes, ce qui la transforme en phénomène de masse. Surtout, la Terreur recouvre également une véritable guerre des classes à Lyon et des opérations militaires contre l'insurrection

---

1. M. Robespierre, « Discours du 17 pluviôse an II (5 février 1794) », dans *Œuvres complètes de Maximilien Robespierre*, Paris, P.U.F., 1912-1967, tome 10 : *Discours, cinquième partie (27 juillet 1793-27 juillet 1794)*, M. Bouloiseau et A. Soboul (dir.), Paris, P.U.F., 1967, p. 350-367.

en Vendée. Là, le but est de détruire les rebelles mais également l'économie et les populations civiles locales[1].

Totalitarisme et terrorisme d'État

Issue des passions populaires et débouchant d'abord sur des violences spontanées, la Terreur devient rapidement une politique d'État, massive et organisée à défaut d'être systématique. Qu'on la réduise à un expédient tragique réclamé par des circonstances exceptionnelles comme Michelet, qu'on l'explique par le durcissement des rapports sociaux au fil du XVIIIᵉ siècle comme Constant, qu'on en fasse, comme Marx le symptôme de la lutte entre l'État classique et la société bourgeoise ou encore qu'on l'attribue à la folie de quelques-uns, la Terreur constitue pour Arendt la forme chimiquement pure du terrorisme d'État. Elle effraie le XIXᵉ et fascine le XXᵉ siècle car elle met en œuvre plusieurs ressorts du terrorisme. Elle est une radicalisation de la vie politique et des relations internationales. La lutte politique oppose non pas des adversaires mais des entités métaphysiques. La défense de la Révolution met aux prises la vertu et le vice, les libérateurs de l'humanité et les tyrans ou encore les patriotes et les traîtres à la patrie. L'importance des enjeux et l'imminence des dangers justifient et appellent une violence maximale et massive. En conséquence, tous les cadres de la morale ordinaire et tous les outils de la politique traditionnelle sont suspendus : la compassion, la modération, l'examen impartial des charges, etc., tous ces principes voueraient la Révolution à l'échec et aboutiraient en somme à la trahir. Seule la purification de la société peut produire une cité et des citoyens régénérés.

---

1. F. Furet, « Terreur », *op. cit.*, p. 294.

Ce sont les principes de la nouvelle « morale politique » selon Robespierre : « La terreur n'est autre chose que la justice prompte, sévère, inflexible ; elle est donc une émanation de la vertu ; elle est moins un principe particulier qu'une conséquence du principe général de la démocratie appliqué aux plus pressants besoins de la patrie. [1] »

Voilà les éléments qui font de la Terreur révolutionnaire, aux yeux de Hannah Arendt, la matrice des terrorismes d'État : organisation de la terreur comme politique publique, généralisation de la terreur en temps de paix et en temps de guerre, institutionnalisation de la terreur comme passion politique ordinaire ou encore organisation de la police secrète comme instrument de propagation de la terreur, tous ces facteurs fondent les terrorismes officiels.

La Terreur révolutionnaire est à distinguer des précédentes tactiques fondées sur la crainte comme les pillages ou les massacres : celles-ci inspirent la terreur mais ne constituent pas une politique publique ou une forme d'État. La singularité historique de la Terreur apparaît par comparaison avec la révolution américaine. Pour Arendt, celle-ci est profondément libérale alors que la Révolution française révèle sa tendance oppressive dans la Terreur. Conduite dans le cadre d'une lutte de libération anticoloniale, réalisée dans une société où l'extrême pauvreté n'est pas le lot commun des masses et dirigée par des notables rompus à l'administration, la révolution américaine a pu rester fidèle à la cause de la liberté. Toutefois, elle est occultée et même méprisée

---

1. M. Robespierre, « Discours du 17 pluviôse an II (5 février 179 2634) », *op. cit.*, p. 363.

par les révolutionnaires européens. C'est le « trésor perdu[1] » de la tradition révolutionnaire. Au contraire, les révolutions européennes successives sont obsédées par la Révolution française et la Terreur[2] : déclenchées dans des sociétés de dénuement matériel, dirigées par des idéologues, fondées sur le désespoir des masses appauvries, ces révolutions érigent la terreur en voie d'accès au bonheur. Confrontées à des conditions socio-économiques dégradées, affrontant des adversaires radicaux, ces révolutions se tournent vers la violence extrême pour bâtir un ordre complètement nouveau. C'est la tentation de la « table rase » qui conduit au terrorisme, armée par l'État révolutionnaire.

Les États totalitaires se réapproprient et développent plusieurs éléments de la Terreur révolutionnaire pour donner au terrorisme d'État son expression paroxystique. La police secrète est érigée en administration essentielle de l'État[3]. Dans un régime totalitaire, la police secrète a des fonctions et un statut bien différents des polices ordinaires, aussi répressives soient-elles. Elle est clandestine, n'est pas soumise au droit, ne connaît pas de limite légale à son action. Son action échappe à la

---

1. A. Arendt, *De la révolution*, Paris, Folio-Gallimard, 2012, chap. VI, « La tradition révolutionnaire et son trésor perdu », p. 329-405.
2. *Ibid.*, p. 81 : « La triste vérité est que la Révolution française, qui s'acheva en désastre, a façonné l'histoire du monde, alors que la Révolution américaine, une réussite si triomphale, est, à peu de chose près, demeurée un événement de portée régionale. Aussi, chaque fois qu'en notre siècle des révolutions ont surgi sur la scène politique, on y a vu des images tirées de la Révolution française, transposées en concepts forgés par des spectateurs et comprises en termes de nécessité historique. »
3. A. Arendt, *Le système totalitaire*, trad. fr. J.-L. Bourget, R. Davreu, P. Lévy et H. Frappat, Paris, Seuil, 2002, p. 230-232.

connaissance du public et au contrôle administratif et juridictionnel. C'est « l'organe exécutif » de l'État car tous ces modes d'action lui permettent d'atomiser la société, de ruiner les solidarités traditionnelles et donc de saper toute dissidence. La terreur d'État règne, comme lors des grandes purges staliniennes, grâce à l'incertitude complète dans laquelle se trouve l'ensemble de la société, du parti et des administrations sur les motifs, les cadres et les calendriers d'action de la police secrète. La société entière devient un ensemble de suspects à la merci constante d'une purge.

Ainsi, la terreur n'est plus un instrument d'un régime. En devenant totale, elle devient le régime lui-même[1], qu'il soit stalinien ou hitlérien. Il ne s'agit même plus d'un « terrorisme d'État » mais d'un État terroriste car totalitaire.

Les terrorismes non-étatiques, répliques au terrorisme d'État ?

Par comparaison avec le terrorisme d'État, les actions des groupes révolutionnaires ou des mafias infra-étatiques (attentats, sabotages, assassinats, etc.) ont une échelle et une portée moindres. Elles sont de simples répliques au terrorisme étatique, que celui-ci prenne la forme de la domination totalitaire ou du colonialisme. Selon Noam Chomsky, les exécutions extra-légales, les bombardements massifs, les opérations de déstabilisation des régimes communistes sont autant d'actions terroristes de l'impérialisme américain. Et ce que les médias occidentaux nomment « terrorisme » ne serait que la réponse sanglante mais limitée à cette

---

1. A. Arendt, *Le système totalitaire, op. cit.*, p. 291.

domination violente[1]. Même s'il n'est pas totalitaire, l'Occident serait le premier (chronologiquement) et le principal (militairement) terroriste. Il porterait donc la responsabilité directe des violences exercées contre les populations civiles par les régimes autoritaires qu'il soutient et la responsabilité indirecte des attentats perpétrés contre lui. Par exemple, le terroriste islamiste doit être considéré comme « L'héritage funeste du colonialisme ».

A la limite, le terrorisme constituerait donc un élément inévitable des relations politiques internes et externes. Né d'une politique d'État, généralisé par les régimes totalitaires, le terrorisme se serait diffusé à toute la vie politique depuis le XVIIIe siècle. Et les mouvements de libération nationale, de revendications régionales, de protestation sociale se seraient approprié certains de ces moyens de lutte : actions clandestines, infiltrations, entrisme, attaques surprises, attentats, enlèvements. En somme, ils seraient en partie excusés par le fait qu'ils utilisent contre l'oppression étatique des moyens symétriques. Ils lutteraient pour les opprimés, sans réclamer leur participation, en réagissant aux oppressions étatiques elles-mêmes terroristes. Dans ce face-à-face entre terrorisme d'État et terrorisme infra-étatique se révèlerait le fond terroriste de toute politique[2].

1. N. Chomsky, *L'Occident terroriste. D'Hiroshima à la guerre des drones*, Paris, Ecosociété, 2015, p. 15.
2. M. Walzer., « Critique de l'excuse : le terrorisme et ses justificateurs », *op. cit.*, p. 88.

*Le terrorisme, technique de domination commune
aux États et à certains de leurs opposants ?*

Ériger le terrorisme d'État en cause historique et en
paradigme conceptuel vise à excuser au moins en partie
les terrorismes infra-étatiques. Mais cette étatisation du
terrorisme repose sur des présupposés discutables.

Historiquement, cette thèse surestime la place de la
Terreur dans la Révolution et le régime républicain. Or,
loin de résumer toute la République, la terreur est aussi
ce qui la discrédite et finit par la supplanter. C'est ce que
souligne Constant dès 1797 : « C'est à la terreur qu'il faut
attribuer le dépérissement de l'esprit public, le fanatisme
qui se soulève contre tout principe de liberté »[1].

En outre, ces arguments reposent sur une
uniformisation de tous les terrorismes : pourtant, les
terrorismes d'État et les terrorismes individuels ont des
caractéristiques historiques, idéologiques, intellectuelles
et morales différentes. Le terrorisme de résistance, par
exemple anti-coloniale, n'a pas la même ampleur, aussi
sanglant soit-il, que le terrorisme déployé par un État
sans rival sérieux dans la société. L'un est de contestation
de l'autorité alors que l'autre est renforcement de
la domination. Le terrorisme armé des lois et de la
puissance publique est distinct du terrorisme individuel.
C'est ce qu'Albert Camus souligne dans *L'homme
révolté* comme dans *Les Justes*. Le révolté est prêt à
payer de sa vie le meurtre d'une victime soigneusement
identifiée. L'étatisation du terrorisme échappe, elle, à
cette logique du sacrifice[2] et trahit ainsi la révolte en la
dégradant en oppression. Tous les terrorismes sont sans

---

1. B. Constant, *Des effets de la Terreur, op. cit.*, p. 108-109.
2. A. Camus, *L'homme révolté, op. cit.*, p.307.

doute également condamnables. Mais tous ne sont pas identiques au système stalinien.

Enfin, cette identification du terrorisme à l'action de l'État repose sur l'idée hautement discutable que tous les États se valent. Comme si la différence entre régimes était mineure. Or, les régimes autoritaires et les régimes démocratiques n'ont pas le même rapport au terrorisme. Les premiers utilisent fréquemment la terreur pour s'établir et perdurer[1]. Mais d'autres États n'ont pas besoin de recourir à la terreur instillée par la police secrète : le ressort de l'obéissance peut aussi être le consentement ou la simple crainte de la punition devant des tribunaux réguliers. Entre les États terroristes et les États ordinaires même autoritaires, il y a toute la distance qui sépare la domination par la terreur de l'ordre par la crainte du châtiment. On peut même souligner, comme Kant, que l'usage du terrorisme sape durablement les États car il instille une défiance interne généralisée qui prive l'État des ressources que la cohésion sociale et le soutien spontané lui offrent. Le terrorisme, qu'il soit systématisé en politique étatique ou qu'il soit utilisé par des groupes infra-étatiques pour contester un État, est un certain mode d'action politique auquel il existe des alternatives. **En d'autres termes, le terrorisme d'État n'est ni la vérité de l'État ni la vérité du terrorisme**.

---

1. M. Walzer, « Critique de l'excuse : le terrorisme et ses justificateurs », *op. cit.*, p. 95.

LES DÉMOCRATIES PEUVENT-ELLES LUTTER
CONTRE LE TERRORISME ?

Face au terrorisme, les démocraties sont-elles des régimes comme les autres ?

En tant que cibles du terrorisme, les démocraties présentent des vulnérabilités supplémentaires[1] par rapport aux États policiers : pour préparer attentats et infiltrations, sabotages et subversions, les groupes terroristes exploitent des libertés que les démocraties protègent : liberté de mouvement, d'expression, d'association, de culte, liberté de la presse, etc.

Les démocraties sont-elles condamnées à être d'éternelles victimes du terrorisme en raison de cette dissymétrie avec les terroristes comme avec les régimes autoritaires ? Ce serait négliger les ressources des démocraties : elles n'abordent pas la lutte contre le terrorisme parfaitement démunies. Ce serait aussi passer sous silence les tactiques de type terroriste que certaines démocraties ont adoptées.

En effet, plusieurs démocraties ont elles-mêmes recours à des techniques s'apparentant au terrorisme

---

1. A. Garapon et M. Rosenfeld, *Démocraties sous stress. Les défis du terrorisme global*, Paris, P.U.F., 2016, chap. 3 – L'angoisse d'un effondrement de la Cité, p. 47-49.

d'État, dans des circonstances jugées exceptionnelles[1] :
durant la Seconde Guerre Mondiale, les Alliés ont délibérément bombardé des populations civiles allemandes
pour les démoraliser et faire ainsi pression sur le régime
nazi, notamment à Dresde ; durant la campagne *Global
War on Terror*, les États-Unis ont utilisé explicitement
des outils de lutte anti-terroriste incompatibles avec les
principes démocratiques et proches du terrorisme d'État :
détentions indéfinies, « interrogatoires coercitifs » et
torture caractérisée, collecte de données de masse, exécutions extrajudiciaires notamment par des drones[2], etc.
C'est ce qui fait déclarer à plusieurs philosophes que le
premier terroriste est l'État et que le terrorisme infra-
étatique n'est qu'une réaction du faible au fort.

Éternelles victimes ou États oppressifs en puissance,
les démocraties sont constamment mises en accusation,
soit pour leur inefficacité supposée, soit pour leur
hypocrisie soupçonnée. Elles sont en butte à des
difficultés bien particulières.

Première difficulté : le risque de reniement. Plusieurs
tactiques terroristes intègrent les réactions de l'anti-
terrorisme dans l'essor de la terreur. Elles poussent
les démocraties à des représailles massives pour les
discréditer et justifier de nouveaux attentats. Le but est

---

1. M. Walzer, *Guerres justes et injustes. Argumentation morale
avec exemples historiques* (1977), trad. fr. S. Chambon et A. Wicke,
Paris, Folio-Gallimard, 2006, p. 468. « Tuer 278 966 civils (le nombre
est un exemple) pour éviter les morts d'un nombre, inconnu mais
probablement plus important, de civils et de soldats, est, sans aucun
doute, une action incroyable, mégalomane, effrayante et terrible. »

2. P. B. Heyman et J. N. Kayyem, *Protecting Liberty in an Age of
Terror*, Cambridge Massachusetts, MIT Press, 2005.

alors d'inciter les démocraties à verser dans le terrorisme
d'État.

Deuxième difficulté : la tentation de l'état d'exception.
Sous la pression de l'électorat, des médias et des services
de sécurité, les démocraties peuvent être prises dans la
« pente glissante » vers un état d'urgence sans fin. Au
nom de la liberté, elles instaureraient graduellement des
régimes policiers.

Terrorisme et libération des médias

Bien des terrorismes placent les médias au centre de
leurs attaques contre les démocrates. Qu'il s'agisse de la
« diplomatie coercitive » où les attentats sont organisés
par des États pour faire pression sur d'autres États, du
terrorisme « apocalyptique » d'Al-Qaida et de Daech ou
des terrorismes des guérillas anticoloniales, la terreur
est propagée à la faveur du régime de la liberté des
médias garantie par les démocraties. Celles-ci sont plus
vulnérables aux stratégies de « terrorisme publicitaire »
où la violence a pour but la visibilité médiatique. Les
effets de panique, de terreur et de prosélytisme sont plus
grands du fait même que la circulation de l'information
est plus libre et plus rapide.

Une brève histoire de ces « terrorismes publicitaires »
depuis le XIXᵉ siècle montre une corrélation étroite
entre, d'une part, les innovations techniques et les
évolutions juridiques sur la circulation de l'information
et, d'autre part, l'expansion du « terrorisme publicitaire »
proprement dit.

Par exemple, entre 1878 et 1894, la vague
d'assassinats, de sabotages et d'explosions organisée par
des anarchistes utilise l'essor de l'imprimerie industrielle
et la libéralisation progressive de la presse. En France,

l'imprimerie rotative, inventée en 1845, permet le développement de journaux à grand tirage comme le *Petit Journal* à partir de 1863. Et la loi du 29 juillet 1881 sur la liberté de la presse accroît aussi bien l'offre que la demande médiatique. Ainsi, grâce à ces médias populaires, les terroristes anarchistes (et leurs adversaires) donnent un écho mondial à leurs attentats et à leurs assassinats de monarques et de présidents.

Autre exemple significatif de cette symbiose entre violence et stratégie médiatique : les tactiques d'Al-Qaida utilisent la couverture planétaire que donnent les chaînes d'information continue internationale, CNN fondée en 1985 et Al-Jazeera, en 1996. Le mouvement utilise délibérément les protections juridiques, les moyens technologiques et les ressources rédactionnelles dont jouissent les médias globalisés pour déployer une terreur qu'il souhaite planétaire. L'essor de Daech à partir de 2013 est, quant à lui, intrinsèquement lié la généralisation des médias sociaux.

Les tactiques médiatiques des terrorismes contemporains trouvent dans les libertés de la presse, d'expression et de communication, des leviers d'action privilégiés contre les régimes où l'opinion est consultée et les médias, protégés. Les terrorismes tournent ainsi contre les démocraties un de leurs principaux fondements, la liberté.

Le terrorisme pousse les démocraties à se renier

Face aux démocraties, les terrorismes ne se contentent pas d'exploiter des marges de liberté. Ils cherchent aussi à discréditer par avance les moyens utilisés par les démocraties pour se protéger des attentats et de la subversion. Il s'agit d'enfermer les pouvoirs publics démocratiques dans des cercles vicieux où lutter contre le terrorisme ne fait que le renforcer.

Dès la « Belle Époque » du terrorisme, au tournant du xxe siècle, les mesures anti-terroristes sont présentées par les anarchistes comme des symptômes de l'hypocrisie démocratique. Le procédé est au centre de la « propagande par le fait[1] ». Consacrée par le congrès de Londres du 14 juillet 1881, cette tactique vise à affaiblir l'État en le frappant à la tête, à faire connaître les revendications en ciblant des personnages hautement symboliques, à créer des martyres de la cause et à démasquer les États démocratiques et les républiques. Révéler l'oppression de classe derrière la vitrine des démocraties formelles, en dénonçant la lutte contre le terrorisme, est également une tactique pour les Brigades Rouges, Fraction Armée Rouge et Action Directe. La « propagande par le fait » apparaît alors comme plus favorable au prosélytisme que les campagnes de tracts, les grèves médiatiques et les actions d'éclat.

Ainsi, en France, le but de Caserio, en assassinant Sadi Carnot, est, bien sûr, de souligner la faiblesse du régime républicain. Mais c'est surtout de déclencher une vague de répression qui révèle le caractère tyrannique de la Troisième République. Celle-ci adopte peu après les « lois scélérates » qui interdisent la presse anarchiste, les associations libertaires et créent un délit d'anarchisme. De la sorte, les terroristes considèrent qu'ils ont démasqué la République qui adopte de telles lois[2].

---

1. O. Hubac-Occhipinti, « Les terroristes anarchistes du xixe siècle » dans G. Chaliand et A. Blin. (dir.), *Histoire du terrorisme de l'Antiquité à Al Qaida*, Paris, Bayard, 2004, p. 129.

2. *Ibid.*, 143.

Ultime élément de cette stratégie très indirecte, les terroristes cherchent à conduire les démocraties à s'engager dans des politiques de lutte anti-terroriste liberticides. Suscitant un climat d'obsession sécuritaire, ils poussent les électorats à faire primer la sécurité sur tous les autres principes, notamment la liberté, au moment des échéances électorales. Ils essaient ainsi de tourner les démocraties contre elles-mêmes en développant les peurs collectives. C'est un levier d'action privilégié pour le terrorisme djihadiste contemporain. Les attentats n'ont pas d'impact militaire profond, au sens où ils ne modifient pas l'équilibre des forces sur le terrain. C'est donc à la terreur collective de remplir cet office. Elle pousse l'opinion à réclamer plus de sécurité, l'électorat à accepter des mesures attentatoires aux libertés ou des législations discriminatoires. C'est l'effet durable de la « peur panique » qu'Olivier Roy analyse ainsi dans le cas de Daech : « Le seul impact stratégique des attentats est leur effet psychologique : ils ne touchent pas à la capacité militaire des Occidentaux (ils la renforcent même, en mettant fin à la baisse des crédits militaires) ; ils ne touchent à l'économie qu'à la marge ; ils ne mettent en danger les institutions que dans la mesure où nous les remettons nous-mêmes en cause, avec le sempiternel débat sur le conflit entre sécurité et État de droit. La peur, c'est celle de l'implosion de nos propres sociétés, c'est celle d'une guerre civile qui opposerait les musulmans et les « autres ». [1] » Dans cette spirale, toutes les mesures de protection anti-terroristes sont, par avance, discréditées comme justifiant la révolte armée du terrorisme.

---

1. O. Roy, *Le djihad et la mort*, Paris, Seuil, 2017, p. 155.

Le cercle vicieux est bouclé : les actes terroristes forcent les États démocratiques à agir et à réagir. Sous la pression des médias, de l'opinion, de l'électorat, des parlementaires et de leurs services de sécurité, ces États adoptent des mesures qui entrent en tension ou en contradiction avec leurs propres principes et rognent les libertés. Voici donc justifiées les actions de « libération » contre elles et la dynamique des attentats s'en trouve relancée. Aux yeux des terroristes, le véritable visage (oppressif) des démocraties est démasqué. Et aux yeux des démocrates, leur identité politique est trahie. Attaquées comme démocraties, elles seraient inéluctablement conduites à réagir en États policiers.

La « pente glissante » vers l'état d'exception permanent

L'inefficacité ou le reniement, voilà le piège que le terrorisme tend aux démocraties.

Celles-ci sont mises en accusation par leurs propres partisans et, parmi eux, par plusieurs philosophes. Pour eux, c'est le contre-terrorisme qui fait problème. Celui-ci engage les régimes démocratiques sur la voie de l'oppression. Prises dans des circonstances exception-nelles, enveloppées par la stupeur des attentats et placées dans un état d'urgence constant, elles passent graduellement à un « état d'exception permanent ».

Les États contemporains sont aujourd'hui confrontés à des menaces nouvelles : le terrorisme au premier chef, mais également les guérillas, les insurrections, les cyberattaques, les mafias, les guerres hybrides, etc. Face à ces nouvelles menaces pesant sur leurs souverainetés, les États se considèrent en « guerre civile mondiale ». Et ils prennent des mesures de sécurité sortant des cadres habituels du maintien de l'ordre, des conflits armés et des règles ordinaires de la conflictualité.

Obsédées par ces risques et hypnotisées par l'urgence, les démocraties instaurent un état d'exception qui n'a aucune fin prévisible, à la différence de la dictature de la République romaine ou des « pouvoirs exceptionnels » des présidents américains, français ou allemands. Pour Agamben, l'exemple paradigmatique de l'état d'exception est constitué par la politique des autorités américaines dans le sillage des attentats du 11 septembre[1]. En particulier, l'acte présidentiel du 13 novembre 2001 prévoit des détentions indéfinies et sans jugement, en infraction avec les droits de la défense ; cet acte instaure des commissions militaires chargées de juger les prisonniers en lieu et place des tribunaux militaires prévus par le droit de la guerre ; et il crée la catégorie des « combattants irréguliers » qui ne sont ni protégés par la constitution américaine ni par le droit international humanitaire. Agamben écrit à ce sujet : « La seule comparaison possible est la situation juridique des juifs dans les *Lager* nazis, qui avaient perdu, avec la citoyenneté, toute identité juridique.[2] »

L'État d'exception se prolonge et s'étend indéfiniment, en raison même du caractère diffus et proliférant des menaces. Ses causes n'ayant ni bornes temporelles ni limites géographiques, il se distingue de l'état de siège car il devient le régime normal du fonctionnement étatique. Il n'est plus une parenthèse, comme la dictature constitutionnelle. Il est l'absence de droit, l'anomie

---

1. G. Agamben, *État d'exception. Homo Sacer 2* (2003), trad. fr. J. Gayraud, Paris, Seuil, 2003, dans G. Agamben, *Homo Sacer. L'intégrale. 1997-2015*, Paris, Seuil, 2016, p. 178.

2. G. Agamben, *État d'exception. Homo Sacer 2*, *op. cit.*, 178.

instaurée sans contrôle au cœur de l'État : « L'état d'exception n'est pas un droit spécial (comme le droit de la guerre), mais en tant que suspension de l'ordre juridique lui-même, il en définit le seuil ou le concept limite »[1].

Ce glissement vers l'état d'exception fait subir une transformation irréversible aux démocraties. Comme le droit est indéfiniment suspendu et que les démocraties s'installent dans un espace et un temps non régis par les règles juridiques, les différences classiques entre les différents types de régimes s'effacent : les démocraties ne sont plus substantiellement différentes des régimes policiers. Et aucun retour en arrière n'est possible, tant l'évolution est profonde : « De l'état d'exception effectif où nous vivons, le retour à l'état de droit n'est pas possible, puisque ce qui est en question maintenant ce sont les concepts même d'« État » et de « droit ».[2] »

La tendance est irrémédiable car l'État suit cette « pente glissante » pour des raisons structurelles. Le système politique classique de l'Occident a évolué : fondé sur la distinction et l'articulation entre un élément juridique et normatif, la *potestas*, et un élément anomique et politique, l'*auctoritas*, il évolue aujourd'hui vers une confusion entre les deux pôles. La vie politique contemporaine ne met plus aux prises un droit qui s'impose au politique et une politique qui se justifie par le droit. Droit et politique, *potestas* et *auctoritas*, fusionnent graduellement, quels que soient les régimes, pour constituer une souveraineté nue. Et l'état d'exception est la figure du pouvoir politique à laquelle aboutit cette fusion. Ni droit ni

---

1. G. Agamben, *État d'exception. Homo Sacer 2, op. cit.*, p. 180.
2. *Ibid.*, p. 251

autorité, il est suspension du droit et espace d'exercice de la souveraineté sans limites. La personnalisation extrême du pouvoir et de la vie politique en est le symptôme le plus visible. Les démocraties sont donc prises dans une **spirale d'auto-destruction** dont l'anti-terrorisme n'est qu'un des aspects : « Tant que les deux éléments restent corrélés, quoique conceptuellement, temporellement et subjectivement distincts (...), leur dialectique, bien que fondée sur une fiction, peut tout de même fonctionner. Mais lorsqu'ils tendent à coïncider en une seule personne, lorsque l'état d'exception, dans lequel il se tient et s'indéterminés, devient la règle, le système juridico-politique se transforme alors en une machine de mort. [1] »

En somme, le véritable danger pour les démocraties est moins le terrorisme en lui-même que la dynamique anti-terroriste et, plus largement, la généralisation et la pérennisation de l'état d'exception. De ce point de vue, le terrorisme est seulement un symptôme de la dynamique oppressive et anti-juridique de l'État contemporain. Et une politique anti-terroriste authentiquement démo-cratique et réellement efficace est illusoire. Dans l'anti-terrorisme se joue la mise en place d'un nouveau paradigme de gouvernement : celui de la guerre civile mondiale permanente.

Les dilemmes d'une lutte anti-terroriste efficace et démocratique

Plutôt que de prendre parti sur la destinée structurelle des États occidentaux en général, il paraît nécessaire de rechercher les écueils à éviter et les règles concrètes à

1. G. Agamben, *État d'exception. Homo Sacer 2*, *op. cit.*, p. 250-251.

édicter en matière de lutte contre le terrorisme. Car placer l'anti-terrorisme au centre du procès en oppression fait aux démocraties c'est aller vite en besogne. C'est minorer les risques concrets qui pèsent sur les démocraties. C'est aussi négliger plusieurs mesures concrètes qui permettent d'éviter – et même de remonter – « la pente glissante » vers l'état d'exception.

Certes, le terrorisme d'État a des manifestations historiques incontestables (Révolution française, URSS stalinienne, dictature chilienne, etc.). Mais il n'est pas la vérité de l'État. De même, si certaines politiques anti-terroristes sont en contradiction avec des principes démocratiques, elles ne constituent pas nécessairement la vérité des démocraties. En particulier, la lutte anti-terroriste se distingue d'un état d'exception permanent par les limites qu'il est possible (et souhaitable) de tracer pour encadrer les politiques anti-terroristes. Il n'en va pas seulement de la fidélité aux principes démocratiques. Il en va également de l'efficacité des protections utilisées par les démocraties contre le terrorisme exogène et endogène.

La principale garantie est le refus de la symétrie avec le terrorisme.

Le terrorisme refuse la distinction entre combattants et non combattants et récuse l'idée même d'une innocence fonctionnelle pour les populations civiles. C'est en frappant aveuglément qu'il crée la terreur. Mais c'est aussi ainsi qu'il se discrédite. La lutte anti-terroriste doit donc maintenir cette division de façon rigou-reuse même dans les circonstances les plus adverses, comme le recommande Walzer dans *Guerres juste et injustes*. Traiter des populations civiles, mêmes hostiles, comme un ennemi, créer des catégories de combattants illégaux privés du statut juridique soit de criminels soit de combattants, utiliser des techniques de contre-insurrection fondées sur la responsabilité collective de communautés géographiques, ethniques ou religieuses sont autant d'écueils à éviter. Ces tactiques conduisent à traiter des civils comme des combattants potentiels. Elles peuvent conduire à des succès de court terme comme le démantèlement de réseaux et de maquis. Mais elles mènent tout aussi sûrement à des défaites sur le long terme car elles radicalisent les positions des populations civiles ainsi traitées.

Il en va de même concernant le refus des stratagèmes suscitant une défiance irrémédiable dans les relations internationales et à l'intérieur d'une société. L'écueil à éviter est la création d'une « société des suspects ». Kant le souligne dans le *Projet de paix perpétuelle* : face à des assassinats, des empoisonnements, des subversions, recourir aux mêmes techniques produit une hostilité indéfinie. Quelle paix peut être conclue avec un adversaire qui ne reconnaît pas de limite ? Quelle victoire peut être remportée sur des menaces sans cesse renaissantes ? Il faut donc refuser la guerre au terrorisme par des moyens terroristes. C'est une question de principe. Mais aussi une question d'efficacité.

Refuser la torture est à cet égard indispensable. On ne connaît que trop l'argument de la « ticking bomb » : la torture permettrait d'extorquer à un terroriste des renseignements pour désamorcer une bombe à retarde-ment dont la mise à feu est imminente. Le conflit entre principes démocratiques et efficacité urgente est ainsi mis en scène, notamment dans la série *24 heures* : l'agent du contre-terrorisme Jack Bauer utilise la torture pour obtenir des informations nécessaires pour déjouer un attentat. Et cette série a acclimaté les justifications de la torture dans l'opinion américaine bien plus sûrement que les débats philosophiques et juridiques. Elle a donné à croire que la torture marche contre le terrorisme. C'est la justification invoquée par le contre-terrorisme français comme le rappelle *La bataille d'Alger*, le film de Gilles Pontecorvo tourné en 1962 sur l'opération de contre-insurrection dirigée par le général Massu dans l'Algérie coloniale quelques années auparavant.

Aussi séduisant soit-il par son réalisme auto-proclamé, l'argument de la bombe à retardement est contestable, y compris à l'aune de l'efficacité. La torture produit-elle la vérité à tout coup ? Non bien sûr. Bien des motifs conduisent, sous la torture, à faire de faux aveux : la nécessité de faire cesser la douleur, la volonté de tromper en retardant l'aveu, l'ignorance, etc. La torture est moins une technique de vérité, qu'un procédé de contrainte et un instrument de terreur. Elle peut même donner une confiance injustifiée aux interrogateurs dans les informations qu'ils obtiennent par la torture.

La torture permet-elle un succès durable ? On peut légitimement en douter. La torture reste rarement secrète. Elle attire le discrédit sur celui qui l'utilise, chez son ennemi, chez les tiers et dans sa propre opinion publique. L'usage de la torture en Algérie a rapidement privé de soutien populaire les opérations de contre-insurrection en Algérie. Refuser la torture, c'est non seulement une question de principe. Mais c'est aussi préserver la possibilité de succès durable contre le terrorisme.

En somme, refuser la symétrie dans les modes d'administration de la violence est une garantie contre la spirale du terrorisme et des représailles. En somme, la limite à ne pas dépasser est le passage de la répression à « l'hostilité absolue » selon le concept forgé par Carl Schmitt pour caractériser la violence révolutionnaire et la distinguer de la guerre de résistance. Traiter le terroriste en criminel à poursuivre devant les tribunaux, c'est l'intégrer dans l'ordre juridique interne ; lui donner le statut d'ennemi combattant, c'est encore le ramener dans le cadre du conflit armé classique qu'il refuse. Mais s'engager avec lui dans une « lutte à mort », dans une « guerre d'extermination » ou dans un combat sans limite, c'est préparer un conflit sans terme et une violence sans limite. Et sans fin.

La troisième précaution à mettre en place contre le terrorisme et contre les débordements contre-terroristes concerne la sobriété normative. On l'a vu à de multiples reprises, le terrorisme est une stratégie indirecte car il n'est pas capable de changer directement le rapport de force sur le terrain. Il ne frappe pas durablement et profondément les économies, il n'est pas capable de défaire les forces armées régulières, etc. Ses seuls succès concrets et durables viennent de l'instauration, par les démocraties elles-mêmes, de réductions durables des libertés publiques. Assurément, les impératifs de la lutte anti-terroriste doivent être la préoccupation principale des services de sécurité. Mais ils ne doivent pas déterminer l'ensemble des politiques publiques et surplomber le cadre constitutionnel. Sauf à verser dans un terrorisme d'État. C'est ce que Benjamin Constant dénonce dans la Terreur robespierriste : elle a réussi à faire passer les principes républicains de liberté au second plan parce qu'elle a laissé l'hostilité radicale envers les contre-révolutionnaires dominer l'ensemble des politiques publiques [1].

---

1. B. Constant, *Des effets de la Terreur, op. cit.*, p. 108-109.

La dernière condition pour mener une lutte anti-terroriste réellement efficace et authentiquement démocratique est de ne pas sous-estimer les ressources dont disposent les démocraties. Certes, celles-ci présentent des vulnérabilités spécifiques. Mais elles ont des leviers d'action importants dans le domaine des représentations collectives. On l'a vu dans la section consacrée à sa définition, le terrorisme est une tactique indirecte où la violence n'a pas sa fin en elle-même mais dans les représentations paniquées qu'elle crée. Sur ce plan, les démocraties sont loin d'être démunies : elles placent même la communication et le maniement des symboles au cœur de leur fonctionnement.

LA TERREUR EST-ELLE
UNE PASSION POLITIQUE ?

À l'époque contemporaine, dans le sillage des attentats du 11 septembre 2001, le débat public[1] et la discussion philosophique[2] mettent l'accent sur les effets psychologiques du terrorisme : stress, peur, anxiété, terreur etc. On a déjà fait justice de cette réduction légitime mais partielle du terrorisme à ses effets : définir le terrorisme comme « ce qui produit la terreur » conduit à des tautologies. Mais, étant donné leur place dans l'économie des passions politiques, il est nécessaire d'aller plus loin.

Qu'est-ce que la terreur ? Quelle est sa portée politique ? La terreur suscitée par le terrorisme est-elle « seulement » une peur extrême ? La terreur serait alors une peur, plus intense, plus durable et plus générale. Ou bien la terreur est-elle différente de la crainte ordinaire ? Entre la peur et la terreur, n'y a-t-il pas toute la distance qui sépare la crainte agissante de la paralysie résignée ?

Le statut politique de la terreur est en question. Doit-on soutenir que la terreur fait partie intégrante de la

1. A. Garapon et M. Rosenfeld, *Démocraties sous stress. Les défis du terrorisme global*, Paris, P.U.F., 2016, chap. 1 « Le traumatisme de l'attentat », p. 19-28.
2. J. Derrida et J. Habermas, *Le concept du 11 septembre : Dialogues à New York (octobre-décembre 2001)*, Paris, Galilée, 2004.

politique ? De la crainte de la loi à la terreur devant un
gouvernement fort en passant par la « peur du gendarme »,
il y aurait un *continuum*. Ou bien le terrorisme fait-il
basculer les sociétés aux limites du politique proprement
dit ?

De la peur à la terreur : un saut quantitatif...

Les différents types de terrorisme utilisent toutes
les ressources (tactiques, médiatiques, technologiques,
etc.) pour plonger les opinions publiques dans la
stupeur. Par-delà leurs différences, ils ont en commun de
déclencher et de répandre un état affectif individuel et
collectif spécifique : une peur extrême et un sentiment
de vulnérabilité généralisée[1]. Dans cette perspective, la
terreur est une peur superlative.

Le langage ordinaire établit une simple différence
de degré entre la peur et la terreur. Je dis « avoir peur »
quand une voiture me frôle alors que je traverse la rue.
Après cet épisode, je redouble de prudence mais je ne
redoute pas toutes les voitures, tous les passages piétons,
etc. En revanche, face à une vague d'attentats (ou à une
série de séismes), je dis plutôt que « je suis terrifié » car
je crains pour ma vie dans la plupart des circonstances.
La différence est quantitative : dans un cas, je crains une
cause circonscrite pour un temps donné. Dans l'autre cas,
je redoute à peu près tout, pour une période indéfinie. La
terreur est une peur dont l'objet est plus large : ce que
redoute la population victime indirecte du terrorisme.
Ce sont les circonstances de la vie quotidienne : la
promenade, le stade, la terrasse de café, etc. Les sources

---

1. M. Walzer, *Guerres justes et injustes*, *op. cit.*, p. 276. Voir *infra*,
texte 2, p. 91.

de peur cessent d'être précisément circonscrites. Et la peur devient plus durable et plus tenace.

De plus, si la peur est individuelle, la terreur du terrorisme est collective : l'attentat vise à plonger toute une population ou une communauté entière dans un certain état d'esprit. L'augmentation du nombre de victimes sert cette dynamique et conduit à l'« hyperterrorisme » selon la notion forgée par François Heisbourg[1]. Les attentats du 11 septembre ont marqué une rupture car ils ont cherché à faire un nombre de victimes d'un autre ordre que celui des attentats précédents. Le but est alors la terreur à l'échelle planétaire. L'extension maximale de la peur est le but tactique du terrorisme mondialisé.

Enfin, la terreur est quantitativement différente de la peur dans les réactions qu'elle suscite. Les attentats poussent les sociétés frappées à prendre des précautions sans fin car rien ne permet de déjouer à tout coup un attentat. La peur corrige de l'imprudence et la terreur, elle, modifie le comportement en profondeur.

De la peur à la terreur (2) : ... une différence qualitative

Certes, la peur suscitée par le choc de l'attentat ou de l'assassinat est plus grande que les craintes ordinaires par le nombre de ceux qui l'éprouvent, par l'ampleur des maux redoutés et par la quantité des causes potentielles de dommage. A ces gradations quantitatives, on doit toutefois ajouter d'autres différences qualitatives.

La première distinction tient à la nature de l'objet redouté : la peur porte sur un objet bien identifié, par

---

1. F. Heisbourg, *L'hyperterrorisme : la nouvelle guerre, op. cit.,* p. 9-10.

exemple l'ennemi, le châtiment, etc. La terreur résulte, elle, du caractère non-identifiable et inassignable des sources de danger. Quand tout ou presque devient source de danger dans la vie individuelle et collective, on passe de la peur à la terreur. Par exemple, la « peur du gendarme » est bien différente de la terreur suscitée par la police secrète. La « peur du gendarme » est circonscrite à une catégorie d'acteurs (les agents en uniforme), à une catégorie d'actes (les vols, etc.) et est encadrée par les garanties des lois en vigueur. Dans une « société des suspects » quadrillée par une politique secrète, les sources de peur sont difficilement identifiables : on a peur des surveillants cachés, des dénonciateurs, du voisin, etc. Et on ignore les raisons pour lesquelles on peut être inquiété : c'est l'arbitraire des arrestations des Grandes Purges staliniennes par exemple. A la peur circonscrite s'oppose la terreur diffuse. La peur craint un danger, quand la terreur n'a pas d'objet défini.

La terreur et la peur sont également bien différentes du point de vue des capacités de représentation mises en jeu. Habituellement, peur et terreur sont confondues comme des passions irrationnelles. Pourtant, ces deux affects ont des articulations bien différentes avec le travail du raisonnement. Comme la peur porte sur une catégorie de risques identifiés, elle permet de calculer ces risques. Elle n'empêche pas d'adopter une stratégie de réponse. Si j'ai peur de l'amende ou de l'arrestation, je modère ma vitesse sur la route et/ou renonce à voler à l'étal.

Il en va tout autrement de la terreur. Comme elle résulte de la surprise, du choc et de l'horreur, elle débouche sur une panique qui paralyse les représentations. En l'absence de source identifiée de danger, il est impossible d'évaluer les risques réels et de prévoir des remèdes. Si tout lieu ou presque devient une cible potentielle (marché, café, etc.), il devient impossible de distinguer le dangereux du reste. La sidération, le choc, la stupéfaction, tous ces affects de terreur pétrifient les spectateurs et les victimes.

C'est toute la différence entre la peur et la stupeur selon Spinoza. La peur, passion triste associée à une cause extérieure incertaine, est solidaire d'une volonté d'agir pour éviter les maux : « Quand l'esprit imagine des choses qui diminuent ou empêchent la puissance d'agir du corps, il s'efforce, autant qu'il peut, de se souvenir de choses qui excluent l'existence des premières. [1] (…) ». La peur repose sur une représentation des causes et débouche sur une ligne d'action. Tout au contraire, la stupeur conduit à la paralysie car : « La stupeur naît d'une double appréhension, on peut donc mieux la définir comme la Crainte qui retient un homme stupéfait ou flottant, de sorte qu'il ne peut écarter un mal. [2] » Le sujet en proie à la stupeur est obsédé par ce qui le menace : il ressasse à l'infini la représentation de ce qui lui porte tort. La multiplication des illustrations de l'assassinat du président Sadi Carnot dans le *Petit Journal* et le *Petit Parisien* en 1894 ont le même effet obsessionnel que les vidéos des avions percutant les tours du World Trade Center en 2001. Le sujet en proie à cette représentation obsédante devient incapable d'adopter une ligne d'action. Il est « flottant ».

1. B. Spinoza, *L'éthique*, trad. fr. R. Caillois, Paris, Gallimard, 1993, livre II, proposition XIII, p. 194.
2. *Ibid.*, livre III, Définition des sentiments XLII, Explication, p. 257.

De la peur à la terreur, il y a toute la distance qui sépare la crainte active de la stupeur paralysée.

La peur, passion politique par excellence ?

Plusieurs « justificateurs » du terrorisme contestent cette différence de nature entre la terreur et les autres passions politiques similaires. Pour eux, la terreur est une expérience universelle et la politique est toujours potentiellement terroriste. Michael Walzer résume ainsi leur position : « La politique est de nature terroriste. Elle n'opère (comme l'a affirmé jadis Thomas Hobbes) qu'en suscitant la crainte dans les âmes innocentes, hommes et femmes. [1] » Au fond, la terreur serait le fondement même de l'État, de l'obéissance, de l'action collective et donc, de la politique.

Pourtant, effacer la distinction entre peur et terreur des conséquences intenables, c'est saper la distinction entre État policier, État totalitaire et État démocratique. Entre la violence de l'État totalitaire, la violence des groupes terroristes et le « monopole de la violence légitime » des États de droit, il y aurait de simples gradations sur un *continnum*. La violence terroriste n'est pourtant pas de même nature que la violence mise en œuvre dans la politique ordinaire. La plupart des États se font obéir par la peur mais n'ont pas besoin d'inspirer la terreur *stricto sensu* [2]. Nombreux sont les régimes politiques, même non démocratiques, qui, pour se faire obéir n'ont recours ni à des polices secrètes, ni à la surveillance de masse, ni à des emprisonnements discrétionnaires et indéfinis.

---

1. M. Walzer., « Critique de l'excuse : le terrorisme et ses justificateurs », *op. cit.*, p. 87.
2. *Ibid.*, p. 87.

Quand on compare la terreur et les passions proches, on constate qu'elles ont des effets politiques très différents. La peur alliée à la clairvoyance sur ses propres intérêts constitue un des ressorts principaux de l'alliance d'individus hostiles les uns aux autres notamment chez Hobbes. La peur mobilise l'imagination, la comparaison, recourt à un calcul des risques et débouche sur une décision.

Pour Hobbes la peur a partie liée avec l'intelligence et est utile à la préservation du sujet. En particulier, elle est à l'origine du pacte d'association. La peur de mourir est la passion dominante de l'homme. Et la crainte de périr par autrui pousse à s'allier avec lui pour s'en garantir. En proie à la peur de mourir, le sujet hobbesien compare deux situations. La première est immédiate et réelle (la guerre de tous contre tous) et présente des dangers constants. Dans cette vie « il règne une peur permanente, un danger de mort violente. La vie humaine est solitaire, misérable, dangereuse, animale et brève.[1] » La deuxième situation est construite (la paix civile régulée par le droit) et présente un intérêt différé. Et il compare ainsi une condition misérable à une situation où sa vie est garantie et sa prospérité plus grande. La conclusion est évidente et emporte la décision : seul le rassemblement en une société permet de sortir l'homme de sa misère.

En outre, la peur est la garantie du respect des lois. Elle se distingue des autres passions qui, d'ordinaire, poussent à s'affranchir de la légalité. La peur de la mort, d'autrui, mais aussi de la punition et de l'anarchie est la principale garantie de l'obéissance à la loi. Ainsi Hobbes

1. Th. Hobbes, *Léviathan*, trad. fr. G. Mairet, Paris, Gallimard, 2000, p. 225.

écrit : « C'est même (à l'exception de quelques natures nobles) la seule chose (quand il y a du profit en perspective ou du plaisir à enfreindre les lois) qui pousse les humains à les conserver. » Et c'est la peur des conséquences qui, dans toutes les relations contractuelles, fait tenir ses engagements [1].

La peur rassemble et la terreur divise

La peur peut produire de puissants effets politiques (unification, obéissance, respect du droit, protection des personnes et des biens), à condition que les sujets qui l'éprouvent aient la capacité de connaître leurs intérêts véritables et de prendre les décisions en conséquence. Au contraire, la terreur conduit, elle, à la dissolution des liens sociaux. Elle entrave ainsi le fonctionnement politique. Cela tient à la stratégie terroriste elle-même : frappées par des attaques surprises, paniquées par la cruauté et désorientées par une violence ne reconnaissant pas les limites ordinaires, les populations civiles sont réduites à la méfiance de tous envers tous. A la limite, le but tactique des terroristes est de susciter la division dans le corps social, sous la forme d'une guerre des classes, d'une guerre civile, d'une guerre de religion ou d'une guerre ethnique. Dans une société où tout un chacun se sent victime potentielle et où autrui est suspect, les structures sociales ordinaires se dissolvent.

C'est ce que montrent Michael Walzer [2] et Carl Schmitt quand ils analysent l'usage du terrorisme durant la guerre d'Indochine : les campagnes d'attentats à la bombe contre des colons civils ont eu pour effet délibéré

---

1. Th. Hobbes, *Léviathan*, *op. cit.*, p. 245.
2. *Ibid.*, p. 370-371.

de rompre les équilibres précaires de la société coloniale et de déclencher des vagues de répression. En l'espèce, le terrorisme rend progressivement impossible la cohabitation entre colons et populations locales : après les attentats et les représailles, travailler ensemble, partager l'espace public, etc. devient inconcevable. Ces attentats se doublent d'assassinats contre les petits notables des villages rémunérés par les autorités occupantes. Et ils ont pour effet complémentaire de détacher les populations rurales de leurs élites traditionnelles pour préparer la prise de pouvoir du parti communiste. Dans *Théorie du partisan*, Carl Schmitt écrit ainsi : « Il suffit de pousser à ses conséquences extrêmes cette logique du terrorisme et du contre-terrorisme et de l'appliquer à toute espèce de guerre civile pour percevoir la désintégration des structures sociales mise en œuvre de nos jours. A l'ère relativement restreinte du terrorisme ouvert viennent se joindre d'autres espaces d'insécurité, de peur et de méfiance généralisée.[1] »

Dans une société des suspects, comme la France de 1793-1794, dans l'URSS des années 1930 et dans l'Indochine des années 1950, le collègue de bureau, le passant ou le voisin ne peuvent être considérés comme des concitoyens. Ils sont toujours d'éventuelles menaces. C'est en ce sens que la terreur a un statut politique ambigu : d'un côté, elle sert souvent à la conquête du pouvoir, comme dans le cas du Vietcong et dans celui d'Agathocle de Sicile qui accède à la tyrannie en massacrant les notables de Syracuse en pleine assemblée

---

1. C. Schmitt, *Théorie du partisan*, *op. cit.*, p. 281

populaire[1]. En ce sens, le terrorisme est un instrument politique. Mais, d'un autre côté, elle sape les fondements de la vie collective en instaurant une méfiance généralisée.

L'effet dissolvant des tactiques terroristes est manifeste non seulement dans la vie intérieure des sociétés mais également dans les relations internationales. Kant, dans le *Projet de paix perpétuelle*[2], esquisse le cercle vicieux dans lequel l'usage de techniques terroristes plonge les relations entre États. Quand un État recourt à la violence armée régulière pour régler ses différends avec un autre État rival, il cherche à défendre ses intérêts au détriment de son ennemi. Mais il cherche par là même également à instaurer un rapport de force stable qui lui soit favorable dans ses relations avec cet autre État. Autrement dit, les États en guerre recherchent une paix qui leur soit favorable même pendant les hostilités.

Mais quand un des belligérants utilise des modes de violence non-conventionnels (massacres, incitation à la sédition, etc.) contre les autorités et les populations civiles de son ennemi, il entre dans une tout autre configuration des relations interétatiques. Il ruine en effet chez son adversaire toute croyance en ses engagements : qui se fierait à un accord d'armistice signé par un État utilisant une « cinquième colonne » pour fomenter des attentats ? L'usage de tels « stratagèmes » rend l'ennemi définitivement suspect. Et la paix, impossible.

En somme, la terreur, qu'elle émane d'un système concentrationnaire, d'un régime totalitaire, d'un État policier, d'opérations de guerre, suscite une désagrégation

---

1. N. Machiavel, *Le prince*, trad. fr. Y. Lévy, Paris, Flammarion, 1992, chap. VIII, p. 102.
2. Cf. *infra*, texte 1, p. 67.

interne et un isolement externe. Et quand elle est le fait d'acteurs infra-étatiques, qu'il s'agisse de groupes criminels, de mouvements de libération, de mafias, elles ont le même effet : la dissolution des solidarités. L'usage de la terreur plonge les sociétés dans un état de conflictualité interne et externe indéfini.

Le statut politique du terrorisme en question

La terreur produit des effets politiques complexes : instrument de conquête, elle est aussi un ferment de discorde durable. Elle permet la domination précisément parce qu'elle brise le moral et les solidarités ordinaires d'une société. De sorte qu'on doute du statut politique même du terrorisme.

Bien des terrorismes peinent à articuler un programme de gouvernement à part entière. Loin de l'administration du quotidien, de la gestion des ressources rares et de la résolution des différends inhérents à la vie collective, le terrorisme révolutionnaire se donne des projets grandioses qui excèdent largement l'action politique.

La Terreur révolutionnaire s'attribue explicitement la mission providentielle de faire régner la vertu[1]. Les buts sont proprement moraux : l'élimination physique des « ennemis du peuple » est au service d'un projet visionnaire dont l'idéal est de réformer l'être humain et de faire advenir un nouveau peuple. Il en va de même dans le terrorisme anarchiste. Lui aussi s'inscrit dans une perspective **eschatologique**. Ainsi, pour l'anarchiste français Émile Henry, déposer une bombe dans un lieu public, c'est purifier la société, hâter le cours de l'histoire

---

1. F. Furet, « Terreur » : « Par la Terreur, la Révolution, cette histoire inédite, toute neuve, fera un homme nouveau. », *op. cit.*, p. 301.

menant à la disparition de l'ordre bourgeois et préparer un homme nouveau [1]. C'est également la thèse de Camus concernant les terrorismes d'État et tout particulièrement le terrorisme stalinien : loin d'être un programme politique, c'est un rêve et un fantasme *eschatologique*. Camus écrit ainsi : « La totalité n'est en effet rien d'autre que le vieux rêve d'unité commun aux croyants et aux révoltés, mais projeté horizontalement sur une terre privée de Dieu. [2] »

Obsédé par des visées qui débordent la politique ordinaire, le terrorisme djihadiste contemporain se préoccupe peu de développer un programme, d'articuler une méthode de réforme et de mettre en œuvre des politiques publiques. Sa grande affaire est la destruction de l'ordre ancien et la réalisation de la table rase. Sa véritable source d'inspiration n'est pas la théologie car le bagage religieux des courants djihadistes est sommaire. Sa véritable teneur est **nihiliste**. C'est la thèse d'Olivier Roy qui l'oppose notamment à Gilles Kepel et François Burgat [3]. Le terrorisme djihadiste contemporain, loin de constituer une radicalisation de l'islam politique est l'abandon de la politique pour le millénarisme. Il n'est pas substantiellement différent du communisme révolutionnaire, du nazisme et de toutes les autres formes de radicalité : « Les deux formes de contestation (extrême gauche et islamisme radical) ont une structure commune. Elles sont générationnelles : de la révolution culturelle à Daech en passant par la bande à Baader, on

---

1. G. Chaliand « L'invention de la terreur moderne », *op. cit.*, p. 117.
2. A. Camus, *L'homme révolté, op. cit.*, p. 292.
3. O. Roy, *Le djihad et la mort, op. cit.*, 2017.

reproche aux parents d'avoir « trahi » (la révolution, la démocratie, l'islam) et de ne pas avoir transmis la vérité. Il s'agit ensuite d'une révolte globale contre l'ordre du monde, et non pas d'un mouvement de libération nationale. Cet idéal global, ce fut d'abord **LA révolution** (permanente et mondiale, avec « Trois, quatre Vietnam », « multiplier les *foco* », les foyers d'insurrection, disait Che Guevara...). Maintenant c'est **LE djihad**, avec la multiplication des émirats locaux, les nouveaux *focos*, et la même volonté d'enliser les troupes occidentales. [1] » Le djihadisme contemporain a un programme politique indigent : c'est la destruction pure et simple du monde actuel.

Le djihadisme terroriste contemporain n'est pas plus politique par ses moyens d'action qu'il ne l'est par le contenu de ses programmes. Il n'est en effet pas en mesure de changer véritablement le rapport de force militaire, diplomatique ou économique. Certes, il parvient à créer une « peur panique dans les sociétés contemporaines ». Mais il ne change le monde que par les réactions qu'il suscite, indirectement : réarmement, répression, surveillance, etc. C'est l'échec politique du terrorisme qui est patent : « Les projets de l'État islamique ont partout été des échecs, et les sociétés, lassées par les incantations et la guerre, se sécularisent de fait. [2] »

Voilà sans doute le principal défi du terrorisme pour la philosophie politique contemporaine : démystifier le statut politique de la terreur et du terrorisme. Loin d'être une émotion politique comme les autres, la Terreur est un affect anti-politique car elle suscite la guerre civile et

---

1. *Ibid.*, p. 119-120.
2. O. Roy, *Le djihad et la mort*, *op. cit.*, p. 159.

entretient la guerre internationale. En cela le terrorisme n'est pas une tactique politique comme les autres, c'est une ligne d'action à la limite de la politique. C'est un instrument de domination qui paie la domination politique au prix de la **sortie de la politique**.

TEXTES ET COMMENTAIRES

TEXTE 1

KANT,

Projet de paix perpétuelle[1]

Aucun État, en guerre avec un autre, ne doit se permettre des hostilités de nature à rendre impossible la confiance réciproque lors de la paix future, par exemple : l'emploi d'assassins (*percussores*), d'empoisonneurs (*venefici*), la violation d'une capitulation, la machination de trahison (*perduellio*) dans l'État avec lequel on est en guerre, etc.

Ce sont là des stratagèmes infâmes. Il faut, en effet, que, pendant la guerre même, il reste quelque confiance en la disposition d'esprit de l'ennemi, sans quoi l'on ne pourrait conclure aucune paix et les hostilités dégénèreraient en une guerre d'extermination (*bellum internecinum*) ; la guerre n'étant que le triste moyen imposé par le besoin dans l'état de nature (là où il n'existe aucune cour de justice pour pouvoir juger avec force de droit) afin de soutenir son droit par la violence ; aucune des deux parties ne peut en ce cas être qualifiée d'ennemi

---

1. E. Kant, *Projet de paix perpétuelle. Esquisse philosophique* (1795), trad. fr. J. Gibelin, Paris, Vrin, 2013, « Première section contenant des articles préliminaires en vue d'une paix perpétuelle entre les États », article 6, p. 21-23.

injuste (cela présumant déjà une sentence de juge), mais c'est l'issue qui décide (tout comme dans les jugements dits de Dieu) de quel côté se trouve le droit; on ne peut d'ailleurs concevoir entre les États de guerre punitive (*bellum punitivum*) (parce qu'il n'existe pas entre eux de rapport de supérieur à subordonné).

D'où il suit qu'une guerre d'extermination, où la destruction peut atteindre les deux parties à la fois et en même temps la destruction de tout droit, ne laisserait s'établir la paix perpétuelle que dans le grand cimetière de l'espèce humaine. Par conséquent une guerre de ce genre doit être absolument illicite ainsi que l'usage des moyens qui y entraînent.

Toutefois, les susdits moyens y conduisent inévitablement, comme il résulte de ceci que ces artifices infernaux, en soit ignobles quand on les emploie, ne se tiendraient pas longtemps dans les limites de la guerre comme par exemple l'usage des espions (*uti exploratoribus*) où l'on n'use que de l'infamie d'autrui (qui ne pourra certes jamais être extirpée), mais passeraient aussi dans l'état de paix et en anéantiraient entièrement l'intention.

LE TERRORISME,
C'EST LA GUERRE PERPÉTUELLE

LA CHOSE, SANS LE MOT. LES DÉBATS,
SANS LE CONCEPT ?

Dans le *Projet de paix perpétuelle*, Kant analyse et évalue des techniques terroristes. Mais sans les nommer. Le fait-il en Monsieur Jourdain ? Sans le savoir, faute d'une notion consacrée ? Peut-être. Il est vrai que les termes ne sont pas encore parfaitement fixés en 1795, date de la publication du *Projet de paix perpétuelle*. Toutefois, le débat sur les politiques de terreur bat son plein[1] en Europe et en Allemagne[2] du fait même de la Révolution française, de la Terreur et des guerres européennes.

Dès 1790, Edmund Burke annonce la terreur comme politique d'État dans ses *Réflexions sur la révolution de France*. Il obtient un succès – de scandale – à travers toute l'Europe et place la notion au centre des discussions politiques et philosophiques. En 1794, Robespierre la

---

1. F. Furet, « Terreur », *op. cit.*, p. 293-315.
2. L. Ferry, *Philosophie politique*, tome 2 « Le système des philosophies de l'histoire », Avant-propos, section 6 : « L'émergence de la pluralité des philosophies de l'histoire : l'idéalisme allemand et la Révolution française », p. 39.

théorise au nom du Comité de salut public, dans le célèbre
« Discours du 17 pluviôse an II » (5 février 1794)[1]. Il
la fait ériger en politique publique par la Convention
montagnarde jusqu'à son arrestation, le 24 juillet de
la même année (10 Thermidor an II). Dans le sillage
de la Terreur, les mots « terroriste » et « terrorisme »
apparaissent dans les journaux français pour désigner (et
condamner) les partisans de Robespierre. Si bien qu'en
1798, ces mots sont intégrés dans la cinquième édition du
Dictionnaire de l'Académie française.

Mais de « terreur » à « terroriste », il y a un pas lexical
et un saut conceptuel. En 1798, Kant utilise le terme dans
Le Conflit des facultés. Il lui donne un sens particulier
pour qualifier une conception de l'histoire selon laquelle
l'humanité est en « perpétuelle régression.[2] » Autrement
dit, les politiques de terreur ne sont pas qualifiées de
« terroristes » pour Kant. Et celui-ci ne réduit pas la
Révolution française à la Terreur robespierriste. Kant
exprime même de la « sympathie » pour l'événement : la
Révolution est le signe d'un progrès moral de l'humanité,
en dépit des atrocités qu'elle comporte[3].

1. Robespierre déclare ainsi : « Si le ressort du gouvernement
populaire dans la paix est la vertu, le ressort du gouvernement populaire
en révolution est à la fois la vertu et la terreur : la vertu, sans laquelle la
terreur est funeste ; la terreur, sans laquelle la vertu est impuissante. La
terreur n'est autre chose que la justice prompte, sévère, inflexible ; elle
est donc une émanation de la vertu » cf. M. Robespierre, « Discours du
17 pluviôse an II (5 février 1794) », *op. cit.,* p. 357.

2. E. Kant, *Le conflit des facultés,* trad. fr. S. Piobetta, dans E. Kant,
Opuscules sur l'histoire, Paris, GF-Flammarion, 1990, p. 207 : « De la
conception terroriste de l'histoire de l'Humanité. Retomber dans le pire
ne peut constamment durer pour l'espèce humaine : car descendue à un
certain degré, elle s'anéantirait elle-même. »

3. *Ibid.,* p. 211 : « VI. D'un événement de notre temps qui prouve
cette tendance morale de l'humanité (…) Peu importe si la révolution
d'un peuple plein d'esprit, que nous avons vu s'effectuer de nos jours,

Chez Kant, le terrorisme n'est pas là où on l'attend. Et il est là où on ne l'attend pas. Il est dans la métaphysique de l'histoire. Il n'est pas dans la Révolution française : l'allusion à la Terreur l'assimile à des « atrocités » qui se confondent avec les guerres, les exécutions politiques, etc. Mais les procédés manifestement terroristes sont examinés dans la guerre. Ces « stratagèmes » sont un ensemble de techniques (sabotage, subversion, espionnage, etc.) à bannir entre États belligérants.

Mais au nom de quels principes doivent-ils être interdits ? La tradition militaire ? Le code de l'honneur ? La pureté morale ? L'humanité ? Non. Pour Kant, les tactiques non conventionnelles doivent être bannies pour des raisons proprement politiques et, plus précisément, diplomatiques et juridiques : elles instillent une telle défiance entre belligérants qu'elles sapent la possibilité de négociations et de traités de paix. Pour le démontrer, Kant procède par une réduction à l'absurde : ces pratiques conduiraient à des guerres d'extermination et ruineraient la possibilité de la paix civile en généralisant la défiance.

L'article 6 est un des pivots de l'essai au titre programmatique de Kant. Ni idéal inaccessible ni rêverie, la paix véritable et durable est réalisable par l'action humaine. Soigneusement distinguée de la paix de l'âme et des simples armistices, la paix est une ligne d'action. Et le *Projet*, son discours de la méthode. La structure

réussit ou échoue, peu importe si elle accumule misère et atrocités au point qu'un homme sensé qui la referait avec l'espoir de la mener à bien, ne se résoudrait jamais néanmoins à tenter l'expérience à ce prix, cette révolution, dis-je, trouve quand même dans les esprits de tous les spectateurs (qui ne sont pas eux-mêmes engagés dans ce jeu) une sympathie d'aspiration qui frise l'enthousiasme et dont la manifestation même comportait un danger ; cette sympathie par conséquent ne peut avoir d'autre cause qu'une disposition morale du genre humain. »

du texte en atteste : organisé en préambule, en sections regroupant des articles, en suppléments et en appendices, il est l'esquisse (*Entwurf*) d'une convention juridique internationale garantissant la paix.

La prohibition des tactiques terroristes est une des six conditions négatives que détaille Kant dans la Première section du *Projet de paix perpétuelle*. Ces lois « prohibitives[1] » rassemblent les conditions nécessaires mais pas suffisantes de l'établissement de la paix perpétuelle. Il revient aux articles définitifs, regroupés dans la deuxième section du texte, de proposer les procédures positives pour réaliser effectivement la paix. Et il incombe aux suppléments et aux appendices de leur donner des garanties.

Les techniques de terreur sont à bannir au même titre que la mauvaise foi dans les traités (article préliminaire n°1), la réification des États et des populations (article préliminaire n°2), la création d'armée permanentes (article préliminaire n°3), l'endettement public à des fins de conquêtes (article préliminaire n°4) et l'ingérence dans le gouvernement d'autres États (article préliminaire n°5). Avec l'interdiction des stratagèmes terroristes, il s'agit de principes minimaux, de conditions *sine qua non* à réunir non pour bâtir la paix mais seulement pour l'envisager. Certaines de ces interdictions sont les conditions de la confiance minimale à avoir avec son ennemi pour s'engager dans des négociations de paix : l'interdiction de la mauvaise foi et des stratagèmes terroristes sont ainsi à abolir immédiatement et inconditionnellement.

---

1. E. Kant, *Projet de paix perpétuelle, op. cit.*, p. 23.

Quelles tactiques bannir pour faire la guerre (et préparer la paix) ?

La rédaction même de l'article est éclairante. Le terrorisme n'est pas nommé, on l'a déjà indiqué. Mais, à défaut du nom, la chose s'identifie aisément : c'est un ensemble de techniques, de pratiques et de tactiques guerrières utilisées dans les conflits armés. En quoi sont-elles terroristes ?

Même si elles sont le fait de puissances publiques et non de groupes criminels, et même si elles s'exercent dans le cadre d'un conflit armé international et non dans celui de la paix civile, ces pratiques sortent du cadre guerrier traditionnel et installent un irrémédiable climat de défiance.

La première caractéristique de l'emploi d'assassins et d'empoisonneurs est qu'il s'agit de déléguer la violence interétatique à des troupes irrégulières, non signalées par le port apparent d'armes, d'insignes militaires et d'uniformes. En conséquence, toute personne sur le territoire de l'État adversaire peut être un ennemi. Tous deviennent suspects, sur le champ de bataille et dans les territoires respectifs des forces antagonistes.

Deuxième caractéristique : non seulement la source de la violence est difficilement identifiable car cachée, mais en outre, la violence est elle aussi clandestine dans son exercice. L'assassinat et l'empoisonnement ne sont révélés que par leurs effets et leurs conséquences. Là encore, la défiance se propage hors du champ de bataille.

Troisième caractéristique, la violence des assassins et des empoisonneurs dans l'État adverse s'exerce sur des cibles indéfinies et non pas seulement sur ses troupes.

L'effet de surprise, l'action clandestine, la pénétration à l'arrière des lignes de l'ennemi, l'imprévisibilité des cibles, la radicalité de la violence, etc., toutes ces pratiques concourent à multiplier les suspects, dans les relations interétatiques comme dans les relations internes.

Les deux autres procédés, la rupture de la trêve et l'incitation à la trahison, sont elles aussi de type terroriste : rompre unilatéralement une trêve et violer délibérément un accord de capitulation conduit à exercer des violences au mépris du « droit des gens » c'est-à-dire des « lois de la guerre » qui protègent les civils, les prisonniers et les soldats qui se sont rendus. Kant caractérise ces stratagèmes par la surprise et l'irrégularité. Attaques surprises, escarmouches, pillages, etc. toutes ces opérations non conventionnelles ruinent la confiance dans la parole donnée et effacent la distinction entre le cessez-le-feu et les hostilités. En somme, ces tactiques laissent planer une menace constante de reprise des violences et installent un état de guerre permanent dans l'esprit des belligérants.

Quant à l'incitation à la trahison, elle essaie de construire un ennemi de l'intérieur, une cinquième colonne et d'importer la guerre civile chez l'ennemi afin de gagner la guerre extérieure. Ce procédé est attribué par Kant à un État en guerre. Mais il s'agit d'une tactique classique de la lutte terroriste qui vise, par la manipulation et la déstabilisation, à affaiblir une société en développant ses divisions et en suscitant des guerres civiles. **En somme, Kant ne thématise pas ici, naturellement, le terrorisme. Mais il repère, dans l'ensemble des tactiques militaires, des types d'opération, des modes d'exercice de la violence, des méthodes d'action qui préfigurent le terrorisme comme action clandestine.**

Les « machinations en vue de la trahison » sont des stratagèmes d'incitation à la rébellion, à la sédition et à la création d'une cinquième colonne dans le camp de son adversaire. Elles ont déjà été mentionnées par l'article préliminaire n°5 qui proscrit les ingérences dans la souveraineté de l'État. Kant défend ainsi : « Aucun État ne doit s'immiscer de force dans la constitution et le gouvernement d'un autre État. [1] » Ce passage est souvent lu comme l'affirmation du principe westphalien de souveraineté de l'État mais aussi comme l'interdiction du colonialisme (réitérée dans le troisième article définitif du *Projet*). Mais il porte également interdiction de l'action clandestine visant à déclencher la guerre civile dans les États ennemis.

Le caractère terroriste de ces opérations se reconnaît aisément dans leur nature tactique. Mais il est surtout manifeste par leurs effets psychologiques. Elles instillent une défiance radicale entre les ennemis et à l'intérieur même de la société de l'ennemi. La défiance qui est en jeu est bien différente de la prudence militaire et des précautions guerrières à l'égard de l'ennemi. La défiance habituelle dans le conflit armé conduit à prendre des contre-mesures dans le cadre strict de la lutte militaire régulière, par exemple, fortifier un passage stratégique, poster des sentinelles, acquérir des blindages, etc. En somme, c'est préparer la guerre. Mais les tactiques évoquées ici ont en commun non pas de suspendre la confiance en temps de guerre mais de la rendre impossible en temps de paix. Elles instillent un sentiment de vulnérabilité constante chez l'adversaire qui ruine la première condition de la paix véritable : la possibilité de la confiance.

---

1. E. Kant, *Projet de paix perpétuelle, op. cit.*, p. 19.

La défiance n'est pas un effet indésirable de ces tactiques : elles visent délibérément à remporter la victoire en contraignant l'adversaire à la méfiance envers ses propres populations. Ces tactiques propagent la défiance hors du champ de bataille, instaurent résolument la paranoïa d'État et créent une « société des suspects ».

La nature de la confiance entre les adversaires que Kant réclame pourrait prêter à sourire si elle n'était pas strictement définie par Kant dès le premier article préliminaire. Cet article interdit la mauvaise foi dans la conclusion des traités. La condition *sine qua non* pour conclure des accords de paix est de ne pas se réserver le droit de reprendre les hostilités en concluant la convention elle-même. Cette « restriction mentale » serait qu'une des deux parties au traité se réserverait le droit de reprendre les armes dès qu'il aurait repris des forces. Kant ainsi écrit : « 1. Aucun traité de paix ne doit valoir comme tel, si on l'a conclu en se réservant tacitement matière à guerre future. [1] » La confiance en l'ennemi qui doit être préservée est donc fort minimale : il s'agit seulement de pouvoir croire en sa bonne foi lorsqu'il conclut des accords.

Ces pratiques doivent donc être interdites au nom du fonctionnement normal des relations internationales. Elles vident de leur contenu les négociations et les traités de paix.

Kant ne condamne pas toute guerre en elle-même mais un certain type d'opérations de guerre. Kant n'est pas un pacifiste inconditionnel. Dans la quatrième proposition de *L'idée d'une histoire universelle au point de vue*

---

1. E. Kant, *Projet de paix perpétuelle, op. cit.*, p. 13.

cosmopolitique[1], il souligne même les vertus civilisatrices de la guerre : elle contraint les hommes à se perfectionner et à développer la culture. La guerre réduit l'indolence et permet aux hommes de réaliser leurs potentialités. De même, dans le premier article définitif du *Projet de paix perpétuelle*, la guerre est, elle-même, la garantie de la recherche de la paix : c'est parce que les hommes sont hostiles les uns aux autres qu'ils sont contraints de rechercher les instruments juridiques et politiques (et non pas moraux) de leur coexistence. En somme, Luc Ferry[2] le souligne, la guerre est louée par Kant à un triple point de vue : premièrement, sur le plan anthropologique, la guerre contraint l'homme à perfectionner ses conditions d'existence ; deuxièmement, sur le plan juridique, la guerre contraint l'homme à forger les instruments d'une coexistence ; d'un point de vue métaphysique, les forces à l'œuvre dans l'histoire sont bien différentes des forces morales : les meilleurs résultats sont obtenus par des cruautés et des fautes morales profondes.

Interdire les stratagèmes terroristes, ce n'est pas seulement émettre une protestation morale ou humanitaire. Pour Kant, c'est mener un raisonnement explicitement « conséquentialiste » : l'illégitimité de ces procédés se mesure à leurs conséquences sur les relations internationales. Kant n'appelle pas les belligérants à un sursaut moral. Il les incite à un mouvement de lucidité sur les moyens qu'ils emploient. Toute la question est de savoir quelle force peut avoir une prise de conscience pragmatique dans la conclusion de la paix ?

1. E. Kant, *Idée d'une histoire universelle au point de vue cosmopolitique*, trad. fr. S. Piobetta, dans E. Kant, *Opuscules sur l'histoire*, Paris, GF-Flammarion, 1990, p. 72.

2. L. Ferry, *Philosophie politique, op. cit.*, p. 156-158.

C'est cette question que Luc Ferry pointe comme constituant l'ambiguïté[1] de la philosophie de l'histoire chez Kant : le ressort de l'histoire est-il la Raison universelle ? Le développement progressif de la moralité ? Ou bien la recherche de l'intérêt ? La question se précise dans le cas des relations internationales : la réalisation de la paix est-elle inéluctable car déterminée par le cours de l'histoire, dans une version anticipatrice de la « ruse de la Raison » hégélienne ? Est-elle le fruit de la bonne volonté des hommes ? Ou bien enfin, est-elle le fruit du calcul et de l'intérêt ? Kant hésite.

Les quatrième et cinquième propositions de *L'idée d'une histoire universelle au point de vue cosmopolitique* proposent une vision mécaniste de l'histoire. La paix est réalisée malgré la volonté et les calculs humains. Comme les actions et les décisions des hommes sont bien souvent irrationnelles, il n'est pas possible de faire fonds sur leur capacité de calcul pour éviter la violence. Il faut donc, à titre d'idée, autrement dit de modélisation idéelle, faire la supposition d'une force supérieure aux hommes qui les force à faire leur bien malgré eux : c'est l'insociable sociabilité qui, en instaurant entre eux une compétition et une rivalité, les force à se développer ensemble et en rivalité les uns avec les autres. La métaphore du bois courbe de l'homme, contraint de coexister et de se développer avec d'autres, indique la mécanique[2].

1. L. Ferry, *Philosophie politique, op. cit.*, p. 147-183.
2. L. Ferry, *Philosophie politique, op. cit.*, p. 150 : « Se confirme la représentation d'une histoire mécaniste et naturaliste en laquelle l'homme n'a d'influence qu'à titre de force physique et nullement comme être moral. Contraint *naturellement* d'entrer dans l'enclos de la société civile, l'homme l'est aussi, une fois dans cet enclos, de s'acheminer vers une constitution juste. »

Le *Projet de paix perpétuelle* est, quant à lui, fondé sur une autre hypothèse : la paix véritable peut résulter de l'action humaine, pour peu que les acteurs soient éclairés sur leurs intérêts et leurs besoins véritables. C'est ce qui leur fait comprendre l'intérêt du droit : face à l'hostilité des hommes les uns envers les autres, seul le droit peut assurer la survie. De même, dans la conduite de leurs opérations militaires, les chefs de guerre doivent prendre conscience des effets durables de certaines de leurs tactiques.

SI TU VEUX LA GUERRE, PRÉPARE LA PAIX !

Dans la justification de l'article n°6, Kant condamne les « stratagèmes » terroristes pour deux motifs principaux, l'un moral et l'autre politique. Il les dénonce comme « malhonnêtes » sans plus de précisions. Certaines tactiques sont nobles et peuvent attirer la louange sur les vainqueurs. Et d'autres sont viles et donc infamantes pour qui les utilise. La condamnation est prononcée, sans qu'on sache s'il s'agit d'un jugement fondé sur le code de chevalerie, les usages de la guerre, etc.

Cette première ligne de critique – fort schématique – est complétée par une ligne politique. C'est le double registre – moral et politique – dans lequel s'inscrit non seulement le *Projet de paix perpétuelle* mais aussi *L'Idée d'une histoire universelle au point de vue cosmopolitique* : si les arguments moraux ne sont pas absents, ils cèdent le pas aux arguments pragmatiques. Il en va du réalisme du *Projet* : en appeler aux sentiments moraux supposerait résolue la difficulté que la guerre met en œuvre, l'hostilité immorale des hommes les uns envers les autres.

Kant complète l'explication qu'il a donnée en première approximation : ces procédés ruinent la confiance minimale dans la possibilité de traités de paix ; leur usage expose les belligérants au risque de guerre sans fin. Mais, en outre, ces procédés sont en contradiction avec la logique même qui préside au déclenchement des opérations militaires : pour Kant, on déclenche une guerre pour promouvoir ou défendre ses intérêts, pour obtenir un résultat et chercher un rapport de force plus favorable qu'antérieurement au conflit. En d'autres termes, ce qu'on cherche dans la guerre c'est un « état final recherché », selon la terminologie militaire contemporaine, plus désirable que le *statu ante quo*.

Ce que les belligérants cherchent dans la guerre, c'est une paix qui leur est favorable et non la prolongation indéfinie des hostilités. Pour résumer la logique des belligérants, il faut inverser la maxime de prudence selon laquelle « si tu veux la paix, prépare la guerre. ». On recourt à la guerre non pas pour elle-même mais pour instaurer une situation plus favorable : « si tu veux la guerre, c'est que tu prépares la paix ». Une certaine paix, au détriment de ton ennemi et à ton bénéfice.

Kant passe de la réprobation schématique à la déconstruction minutieuse. Il interdit les procédés terroristes au nom d'un raisonnement par l'absurde : si on autorise ou tolère de tels stratagèmes dans les conflits armés et, plus largement, dans les relations entre États, alors les guerres trahissent leurs propres buts. Elles deviennent des guerres à outrance, des « guerres d'extermination » qui détruisent les deux belligérants au lieu d'instaurer une nouvelle relation entre eux. Dans les conflits où la condition psychologique de la paix, la confiance minimale dans les engagements de l'ennemi, devient impossible à réunir, seule la disparition complète de l'adversaire peut faire disparaître le conflit et donc la raison de la guerre. Une guerre menée dans une défiance absolue et irréversible ne peut cesser que faute de combattants.

L'utilisation de ressources terroristes confond la guerre et le massacre : les stratagèmes interdits ne sont pas des tactiques innovantes permettant de remporter la victoire. Ils interdisent la possibilité même d'une victoire réelle et durable.

La thèse qui sous-tend cette réduction à l'absurde est une certaine idée de la guerre : Kant présuppose que tous les conquérants ont pour but l'instauration d'une paix durable à leur avantage. La guerre indéfinie, recherchée pour elle-même comme moyen de domination sur les populations civiles, est contradictoire avec elle-même. Kant se distingue ici radicalement de philosophies de la guerre contemporaine. Certes, Kant partage avec Carl Schmitt l'idée que la guerre utilisant des procédés terroristes est sans fin. Elle débouche sur l'extermination des belligérants. Mais pour Carl Schmitt, à la différence de Kant, de telles guerres sont délibérément et sciemment recherchées. Il écrit ainsi : « Quoi qu'il en soit, la guerre demeure limitée en principe, et le partisan reste en dehors de ces limites. Le partisan moderne n'attend de son ennemi ni justice ni grâce. Il s'est détourné de l'hostilité conventionnelle de la guerre domptée et limitée pour se transporter sur le plan d'une hostilité différente, qui est l'hostilité réelle, dont l'escalade, de terrorisme en contre-terrorisme, va jusqu'à l'extermination. [1] »

1. C. Schmitt, *Théorie du partisan, op. cit.*, p. 223.

C'est que Kant, à la différence de Carl Schmitt, récuse l'hostilité absolue comme stratégie guerrière délibérée. Cette hostilité ne connaît aucune limite et considère la disparition de l'ennemi comme le but de la guerre. L'interdiction kantienne du terrorisme militaire ne prend donc sens que dans une certaine conception, déjà précisément normée de la conflictualité. Ainsi que Schmitt l'écrit : « En mettant des bornes à la guerre, l'humanité européenne avait réussi une chose rare : elle avait renoncé à criminaliser son adversaire dans une guerre, elle avait relativisé l'hostilité et nié l'hostilité absolue. C'est véritablement un exploit rare et d'une humanité invraisemblable d'amener les hommes à renoncer à toute discrimination et diffamation de leurs ennemis. Or, c'est cela précisément que le partisan semble remettre en question. [1] »

Ce qui est en jeu dans l'interdiction du terrorisme, c'est donc bien la nature même de la guerre et de la violence qu'il s'y déploie.

LA GUERRE, MASSACRE OU TRIBUNAL ?

Pour interdire les stratagèmes terroristes, il convient donc, selon Kant, de conserver à l'esprit la nature de l'action guerrière. Pour Kant, la guerre est le moyen de soutenir son droit dans l'État de nature, c'est-à-dire en l'absence d'arbitre incontesté et de règles partagées. La guerre interétatique est la transposition, dans le domaine des relations internationales, de l'état de nature où les différends sont organisés en « guerre de chacun contre tous ». Les États sont en guerre comme les individus avant l'instauration de l'État. Kant écrit ainsi, dans le

---

1. C. Schmitt, *Théorie du partisan, op. cit.*, p. 300.

deuxième article définitif du *Projet de paix perpétuelle* : « Les peuples, en tant qu'États, peuvent être jugés comme des individus; dans leur état de nature (c'est-à-dire indépendants de lois extérieures) ils se lèsent mutuellement déjà du fait qu'ils sont voisins[1]. »

Les champs de batailles sont comme des tribunaux archaïques, sans code et sans juge, où chacun se « fait justice » lui-même : faute de loi commune, les parties s'en remettent aux faits pour décider entre eux; faute de juge, ils sont aux prises directement par la violence; et faute de jugement, ils ne connaissent qu'un seul type de verdict, en premier et en dernier appel, la victoire ou la défaite. Ainsi, Kant écrit-il dans l'article préliminaire n°6, ce rappel à la nature de la guerre pour montrer l'absurdité du terrorisme : « La méthode employée par les États pour poursuivre leur droit ne peut jamais être une procédure comme devant un tribunal extérieur, mais uniquement la guerre; par laquelle toutefois, comme par son issue favorable, la *victoire*, il n'est rien décidé relativement au droit. »

Cette définition de la guerre a plusieurs conséquences pour le terrorisme et la guerre qu'il prétend mener.

Première conséquence, aucune guerre n'est juste ou injuste. En effet, déclarer un conflit « juste » suppose l'existence de normes de justice supérieures aux intérêts des États et d'un tribunal ou d'un juge distinct des États, supérieur à eux et capable de rendre des verdicts à leur sujet. Or, c'est ce précisément ce qui manque dans les relations interétatiques qui mettent aux prises des souverainetés égales en droits. Kant rompt ainsi avec les théories de la guerre juste.

1. E. Kant, *Projet de paix perpétuelle, op. cit.*, p. 43.

Deuxième conséquence, l'idée de guerre « punitive » est vide de sens entre États. En l'absence de code de loi supérieur aux États et de juge supérieur à eux, aucune punition ne peut être prononcée et infligée. Une défaite à la guerre n'est que la conséquence d'une faiblesse militaire, pas la rétribution d'un crime. La défaite de la France du Second Empire à Sedan n'est pas la punition des excès de la « fête impériale » du Second Empire, comme l'ont présentée les partisans de l'Ordre moral. Et, de manière générale, aucun État souverain n'est, à l'égard des autres, dans la position d'un maître, d'un gendarme, d'un juge ou d'un tuteur.

Au nom de cette conception de la guerre comme « tribunal archaïque », Kant récuse les théories de la guerre juste et vide de leur sens les discours de ceux qui justifient l'usage de techniques terroristes. Albert Camus, Carl Schmitt ou encore Michael Walzer relèvent fréquemment ce trait : les auteurs d'actes terroristes se conçoivent eux-mêmes comme des bourreaux exécutant un verdict, au nom d'une loi supérieure. Ainsi, Schmitt écrit-il, à propos du terroriste révolutionnaire (bien distinct en cela du partisan patriote) : « Il est celui qui exécute l'arrêt de mort prononcé contre le criminel, et il risque de son côté d'être traité comme un criminel ou comme un élément nuisible. Telle est la logique d'une guerre à *justa causa* qui ne reconnaît pas de *justus hostis*.[1] »

Loin de méconnaître la logique punitive à l'œuvre dans les opérations terroristes, Kant les balaie ici comme un fatras de justifications *ad hoc*. Prétendre faire œuvre d'exécuteur de la justice alors même qu'aucun code

1. C. Schmitt, *Théorie du partisan, op. cit.*, p. 235.

de loi ne s'applique et qu'aucun juge n'a prononcé de jugement, relève du sophisme.

SI LE TRIBUNAL INTERNATIONAL N'EXISTE PAS, TOUT EST-IL PERMIS ENTRE ÉTATS ?

Si les États n'ont ni loi ni tribunal commun, tout n'est-il pas permis dans leurs relations ? Si seule la victoire compte dans la résolution des différends, pourquoi ne pas choisir les plus efficaces, la surprise, le sabotage, l'assassinat, la sédition ? C'est que les États ont à entretenir des rapports sur le long terme. Tous les procédés pour obtenir la victoire ne se valent pas car ils n'ont pas les mêmes effets sur eux.

On l'a vu, la guerre d'extermination a des effets absurdes car elle ne résout aucun litige et ne règle aucun différend. Elle débouche en effet sur la mort des deux belligérants, pas sur la résolution de leur conflit. Cette issue présente une contradiction logique avec les raisons du recours à la force. D'un côté les belligérants recourent à la force pour défendre ou promouvoir leurs intérêts et, de l'autre, ils anéantissent leurs intérêts eux-mêmes en menant des guerres d'extermination. Une « guerre d'extermination mutuelle » est une contradiction dans les termes. Et elle débouche sur une paix absurde, elle aussi : le « cimetière de l'humanité »

C'est en vertu de ce principe que les stratagèmes terroristes doivent être bannis : ils conduisent mécaniquement à des conflits sans fin en raison même du cycle de défiance qu'il lance. Ils débouchent sur des campagnes d'extermination et donc sur des guerres qui annulent leur propre raison d'être : l'établissement d'une paix favorable.

C'est une contribution majeure de Kant aux philosophies de la paix, de la guerre et des techniques terroristes : ceux qui y recourent sont mus par l'illusion et l'irrationalité. La dynamique du terrorisme est une spirale de violence dont le seul terme possible est l'anéantissement. Chez Kant, comme chez Olivier Roy, il y a un vertige du néant et de la mort à l'œuvre dans le terrorisme [1]. L'usage de techniques terroristes, loin d'être marginal dans un conflit armé plus large, donne à la guerre une toute autre dynamique. La conflictualité terroriste s'inscrit dans un autre registre que celui de la guerre classique. Alors que celle-ci aspire à la victoire, autrement dit à la paix favorable, dans ce monde-ci, l'autre conduit à l'anéantissement général, y compris de lui-même.

Kant n'est pas un « contemporain malgré lui ». Mais on doit relever sa clairvoyance sur les éléments constitutifs des tactiques terroristes. Il ne se laisse pas aveugler par telle ou telle technique (meurtre, sabotage, enlèvement, etc.) et il scrute la structure même de ces pratiques qui mène de la violence non-conventionnelle à la défiance généralisée et irréversible.

Contrairement à ceux qui, comme Schmitt, considèrent le terrorisme comme une forme de la « guerre de partisan » ou de la guérilla, Kant établit une différence de nature entre les tactiques terroristes

1. O. Roy, *Le djihad et la mort*, Paris, *op. cit.*, p. 8-9 : « Ce qui est nouveau, c'est l'association du terrorisme et du djihadisme avec la quête délibérée de la mort. (…) La mort du terroriste n'est pas une possibilité ou une conséquence malheureuse de son action, elle est au cœur de son projet. L'on retrouve cette même fascination pour la mort chez le djihadiste qui rejoint Daech. L'attentat-suicide est aussi perçu par les djihadistes comme la finalité par excellence de leur engagement. »

et les opérations guerrières. Il n'y a de *continuum* entre le champ de bataille et les opérations de subversion que d'un point de vue opérationnel. Du point de vue politique, la rupture est complète : la guerre classique est déclenchée et menée pour remporter la victoire qui met un terme aux hostilités alors que le terrorisme entraîne les belligérants dans une guerre sans aucun autre terme que l'anéantissement. L'action terroriste n'est pas du même registre que la guerre car elle exclut son autre, la paix. Le terrorisme n'est pas la continuation de la guerre par d'autres moyens.

Kant souligne à quel point la violence terroriste, y compris quand c'est l'État qui l'exerce et y compris en dehors de toute référence religieuse, vise en fait à une solution extérieure au monde. Ce que fait surgir *a contrario* le raisonnement par l'absurde de Kant, c'est le caractère radicalement absurde de la violence terroriste. Le terrorisme ne peut viser rien d'autre que le néant et entraîne ceux qui l'utilisent d'une logique guerrière à une folle mécanique d'autodestruction.

Tracer un enchaînement inéluctable entre procédés terroristes et guerre d'extermination est indispensable à la justification de l'interdiction. En effet, l'objection sous-jacente que Kant écarte est que le terrorisme est une technique « aussi vieille que le monde » et que les tactiques non conventionnelles ont, de tout temps, été utilisées dans les batailles. En somme, c'est l'argument de la banalité du terrorisme. La thèse de Kant ne serait qu'une exagération et non pas un raisonnement par l'absurde valide. Il est donc essentiel pour Kant de montrer que ces procédés conduisent inévitablement à une sortie de la conflictualité ordinaire et de la guerre rationnelle, mais font basculer dans un ordre tout autre.

Kant préfigure ici les thèses de Walzer qui distingue clairement guerre et terrorisme. En effet, quand Walzer analyse les justifications ordinaires du terrorisme, il est lui aussi confronté aux thèses pseudo-réalistes selon lesquelles la guerre est toujours et partout terroriste et selon lesquelles la politique a usé, use et usera toujours de violences destinées à terrifier. Il formule cette excuse ainsi : « La politique est de nature terroriste. Elle n'opère (comme l'a affirmé jadis Thomas Hobbes) qu'en suscitant la crainte dans les âmes innocentes, hommes et femmes. Le terrorisme est pratiqué par les hommes d'État et les activistes confondus.[1] » Les prétendus réalistes minimisent la rupture du terrorisme en l'installant au cœur de la vie politique. Or, pour Walzer comme pour Kant, les pratiques terroristes rompent avec les logiques de la violence internationale ordinaire. Ainsi, la plupart des États n'ont pas besoin d'inspirer la terreur pour se maintenir : « Dans les faits, les États légitimes n'ont pas besoin de terroriser leurs citoyens, et les mouvements solidement établis n'ont pas besoin de terroriser leurs adversaires. (…) Vivre dans la terreur ne constitue pas une expérience universelle. Le monde créé par les terroristes a ses entrées et ses sorties.[2] » De même, Kant soutient ici que les pratiques terroristes sortent du fonctionnement ordinaire des relations interétatiques même si celles-ci comportent bien des horreurs.

Réciproquement, concernant la lutte contre le terrorisme, Kant s'écarte par avance des théoriciens de la contre-insurrection qui prône l'utilisation de moyens

---

1. M. Walzer., « Critique de « l'excuse » : le terrorisme et ses justificateurs », *op. cit.*, p. 87.
2. *Ibid.*

de répression symétriques à ceux des terroristes. Répondre à la subversion par la subversion, à l'assassinat par l'assassinat, etc. ne fait que renforcer le cycle des représailles conduisant au néant. En effet, le seul remède aux pratiques terroristes, c'est le droit et, plus précisément, l'interdiction de ces stratagèmes. Des belligérants éclairés sur leurs intérêts respecteront cette prohibition car elle est la condition de leur survie. C'est le sens de la formulation retenue pour interdire ces procédés : « Aussi une telle guerre, et par suite également, l'usage des moyens qui y conduisent, ne doit absolument pas être permise. ». L'enchaînement mécanique qui mène de l'usage de violences non régulières à l'abolition même de la notion de victoire, en passant par la guerre d'extermination, est la garantie du respect de l'interdiction.

DU TERRORISME À LA GUERRE CIVILE

En guise de justification ultime de l'interdiction des stratagèmes suscitant la défiance, Kant invoque la contamination de la vie civile : user de tels procédés bouleverse les conditions mêmes de la paix civile à l'intérieur des États. L'usage d'espions, d'agents provocateurs, d'infiltrations, se propage nécessairement des conflits interétatiques au fonctionnement ordinaire des institutions. L'instauration d'une défiance généralisée passe de l'ennemi aux propres citoyens de l'État en guerre, puis aux autorités publiques une fois les conflits suspendus. L'ennemi qui utilise de tels procédés peut, par construction, être partout, y compris dans la population nationale.

Kant a ici peut-être en tête les mesures visant les « suspects » dans la Terreur robespierriste : dans un contexte de guerre internationale et de guerre civile, Robespierre avait lui-même établi une relation étroite entre la méfiance à l'égard de l'ennemi extérieur et celle visant l'ennemi intérieur. Dans le discours du 17 pluviôse an II, il déclare ainsi : « Au dehors, tous les tyrans vous cernent ; au dedans, tous les amis de la tyrannie conspirent : ils conspirent jusqu'à ce que l'espérance ait été ravie au crime. Il faut étouffer les ennemis intérieurs et extérieurs de la République, ou périr avec elle ; or, dans cette situation, la première maxime de votre politique doit être qu'on conduit le peuple par la raison, et les ennemis du peuple par la terreur. [1] » C'est la peur des espions étrangers qui pousse le Comité de Salut Public à traiter ses propres nationaux comme des suspects.

Interdire de tels procédés est donc la seule réponse possible à la spirale du terrorisme qui conduit de tactiques non conventionnelles aux conflits sans fin, aux guerres d'extermination et à des sociétés de défiance et de surveillance généralisée.

Le terrorisme, c'est la guerre (civile et internationale) perpétuelle.

---

1. M. Robespierre, « Discours du 17 pluviôse an II (5 février 1794) », *op. cit.*, p. 358.

TEXTE 2

Michael Walzer

Guerres justes et injustes[1]

Le mot « terrorisme » est le plus souvent utilisé pour décrire la violence révolutionnaire. C'est là une petite victoire pour les champions de l'ordre, parmi lesquels l'usage de la terreur n'est pourtant pas inconnu.

Terroriser systématiquement des populations entières est une stratégie à laquelle on recourt, tant dans les guerres conventionnelles que dans les guérillas; cette stratégie est celle de gouvernements établis, comme de mouvements radicaux. L'objectif est de détruire le moral d'une nation ou d'une classe, de miner sa solidarité; la méthode, le meurtre arbitraire de victimes innocentes. La frappe aveugle est la caractéristique essentielle de l'activité terroriste. Si l'on cherche à répandre la peur, et à la faire durer, il n'est pas souhaitable de tuer des personnes déterminées, qui sont liées de quelque façon à un régime, un parti ou une politique. La mort doit

1. M. Walzer, *Guerres justes et injustes. Argumentation morale avec exemples historiques,* trad. fr. S. Chambon et A. Wicke, Paris, Folio-Gallimard, 2006, chapitre XII : *Le terrorisme,* p. 362-364. La première édition du texte original en anglais (américain) est la suivante : M. Walzer, *Just and Unjust Wars. A Moral Argument with Historical Illustrations,* New York, Basic Books, 1977.

frapper, au hasard, des individus français ou allemands, des protestants irlandais ou des juifs, simplement parce que ce sont des Français, des Allemands, des protestants ou des juifs, jusqu'à ce qu'ils se sentent fatalement exposés et qu'ils exigent de leurs gouvernements des négociations pour leur sécurité.

En temps de guerre, le terrorisme est un moyen d'éviter l'engagement avec l'armée ennemie. C'est donc une forme extrême de la stratégie de « l'approche indirecte ». Il est si indirect que de nombreux militaires ont refusé de parler de guerre dans ce cas; cela, autant par fierté professionnelle que pour des raisons morales. Prenons la déclaration d'un amiral britannique qui, durant la Deuxième Guerre mondiale, a protesté contre les bombardements de terreur des villes allemandes : « Nous devons être une nation désespérément dépourvue d'esprit militaire pour imaginer que nous [pouvons] gagner la guerre en bombardant des femmes et des enfants allemands, au lieu de vaincre leur armée et leur marine. » L'expression clé est ici « dépourvue d'esprit militaire ». Cet amiral voit, à juste titre, le terrorisme comme une stratégie civile. On pourrait dire qu'il est la continuation de la guerre par des moyens politiques.

Terroriser des individus ordinaires est avant tout l'œuvre de la tyrannie, comme l'a dit Aristote : « Le premier but des [tyrans] et la fin qu'ils poursuivent est de briser le moral et la force de leurs sujets. » Les Britanniques décrivirent le « but » de ces bombardements de la même façon : ils cherchaient à détruire le moral des civils.

Les tyrans ont enseigné leur méthode aux militaires et les militaires l'ont enseignée aux révolutionnaires modernes. Il s'agit là d'une vision sommaire de l'histoire.

Je ne la présente que pour en venir à un point plus précis :
le terrorisme, au sens strict, le meurtre arbitraire de
victimes innocentes, n'a émergé comme stratégie dans
la lutte révolutionnaire qu'après la Deuxième Guerre
mondiale, c'est-à-dire, après être devenu un aspect de la
guerre conventionnelle. Dans les deux cas, la guerre et la
révolution, une sorte d'honneur du combattant entravait
le développement de cette stratégie, tout particulièrement
parmi les officiers de carrière et les « révolutionnaires
professionnels. » Le recours de plus en plus fréquent à
la terreur, par des mouvements d'extrême gauche ou des
groupes ultranationalistes, représente la fin d'un code
politique qui a vu le jour dans la deuxième moitié du dix-
neuvième siècle et qui est à peu près similaire aux lois de
la guerre qui ont été élaborées à cette période.

LE TERRORISME IMPORTE LA GUERRE EN POLITIQUE

Entre le pacifisme épris de pureté idéaliste et le réalisme versant dans le cynisme, Michael Walzer trace un chemin étroit : celui de la « morale pratique[1] ». Il renvoie dos à dos, d'une part, les pacifistes intransigeants pour lesquels tout conflit armé est un « crime » et d'autre part les réalistes qui considèrent la guerre comme un « enfer » où aucune norme ne saurait s'appliquer. Cet ouvrage a été écrit durant les années 1970 au fil d'un engagement militant contre l'intervention militaire américaine au Vietnam[2]. Il montre la légitimité d'un encadrement de la violence armée par des normes morales. Autrement dit, contre le prétendu réalisme, il convient de reconnaître que toutes les violences armées ne se valent pas. Les règles éthiques limitant la violence peuvent acquérir un statut juridique : elles s'appliquent aussi bien au déclenchement des conflits (c'est le *jus ad bellum*) qu'à la conduite des opérations militaires (c'est le *jus in bello*). Ainsi, Walzer écrit-il : « La guerre est toujours jugée deux fois, tout d'abord en considérant

1. M. Walzer, *Guerres justes et injustes, op. cit.*, p. 39.
2. *Ibid.*, p. 32.

les raisons qu'ont les États de faire la guerre, ensuite, en considérant les moyens qu'ils adoptent.[1] » Définir ces limites et fixer ces règles est l'ambition de *Guerres justes et injustes*.

Au fil d'arguments moraux appuyés sur l'analyse et de nombreux « exemples historiques » de conflits armés, **le terrorisme constitue un objet à la fois évident et ambivalent**.

Évident, car le terrorisme est une violence armée qui prétend constituer des opérations de guerre : fréquemment, le terroriste se présente comme un « soldat ». Quant au contre-terrorisme, il s'érige bien souvent en « guerre » contre la terreur.

Ambivalent aussi, car les violences terroristes s'inscrivent bien dans un entre-deux, entre la paix civile et les conflits armés internationaux.

Quelles sont les caractéristiques distinctives de ce type de violence ? Et quelles sont les normes morales à lui appliquer ? Telles sont les deux questions auxquelles Walzer répond en analysant et en évaluant les tactiques terroristes :

1. Le recours au terrorisme n'est pas l'apanage de groupes criminels ou de mouvements révolutionnaires. Il est aussi le fait d'autorités gouvernementales.

2. Les terrorismes, par-delà leur diversité, ont tous pour objectif tactique de détruire le moral d'une population donnée.

3. Et le meurtre arbitraire de non-combattants est un moyen propre à atteindre cette fin, ce qui place le

---

1. M. Walzer, *Guerres justes et injustes, op. cit.*, p. 76.

terrorisme en infraction radicale avec la convention de la guerre.

4. Lorsqu'il est utilisé dans le cadre de conflits armés, le terrorisme est une tactique d'approche indirecte d'un ennemi structurellement plus puissant.

5. Le terrorisme militaire a contaminé en retour la sphère politique civile au service d'un projet de domination tyrannique.

6. Cette généralisation du terrorisme met fin au code politique traditionnel.

LE TERRORISME A-T-IL UNE « RÉALITÉ MORALE » ?

D'un point de vue descriptif, le terrorisme consiste à exercer des violences sur des innocents pour fléchir leur volonté et briser leur résistance. Et ces violences sont le fait de gouvernements, d'États, de groupes criminels et de mouvements révolutionnaires. Toute la difficulté est de saisir l'articulation entre la violence terroriste et la violence guerrière : sont-elles de même nature ? Pour faire émerger des caractéristiques distinctives, Walzer use de plusieurs « études de cas » : campagne d'assassinats du Vietcong durant la guerre d'Indochine, bataille d'Alger, etc.

D'un point de vue normatif, le terrorisme est justiciable de la division fondamentale des conflits armés : la distinction entre combattants et non-combattants, ces derniers ne devant pas être l'objet de violences délibérées. Comme plusieurs types de terroristes s'affranchissent de cette limite morale et juridique, ils sapent les normes du *jus in bello*. De même que toutes les façons de faire la guerre ne se valent pas, de même, toutes les stratégies terroristes sont-elles également condamnables ?

Cette double approche, descriptive et normative, se manifeste dans la catégorisation du terrorisme parmi les types de violences armées. En effet, *Guerre justes et injustes* n'aborde le terrorisme qu'après avoir traité des modes de conflictualité militaire classiques. Pour caractériser et évaluer les terrorismes, il convient au préalable d'établir la « réalité morale de la guerre[1] ». Autrement dit, la guerre n'est ni un chaos amoral ni une réalité infra-morale.

Les différents types d'agression peuvent être catégorisés et évaluées grâce ce principe. La « théorie de l'agression[2] » souligne dans les cas d'espèce que toutes les guerres ne se valent pas. Les guerres préventives, les guerres civiles, les guerres coloniales ou encore les interventions humanitaires ont des formes et des motifs dont la valeur éthique varie. Certaines sont déclenchées pour des raisons manifestement iniques alors que d'autres peuvent recevoir une justification morale. C'est ce qui rend légitime et nécessaire la construction d'un *jus ad bellum*.

De même, toutes les guerres ne sont pas conduites de la même façon : certaines n'imposent aucune limite temporelle, spatiale, technologique, etc. à la violence armée alors que d'autres circonscrivent l'usage de la force armée. Le principe fondamental du *jus in bello* dont sont dépositaires les « conventions de la guerre[3] » : ces ensembles de normes, qui évoluent au fil de l'histoire des conflits, qui trouvent leur source dans des principes éthiques et qui sont transcrits en droit, permettent d'établir

1. M. Walzer, *Guerres justes et injustes, op. cit.*, p. 47-124.
2. *Ibid.*, p. 125-245.
3. *Ibid.*, 246-405.

des différences opérationnelles et morales précises entre les différents types de conflits armés. Parmi les types de violences armées, le terrorisme, la guerre de blocus, la guerre de guérilla, les représailles, etc. ont un statut moral ambigu. Le terrorisme est la figure paroxystique de ces violences armées : les blocus, les sièges, les guérillas, les insurrections, etc. ont en commun de mêler les civils à la guerre.

Le terrorisme est à examiner dans un triple cadre. Premièrement, il a une « réalité morale » comme la guerre : le terrorisme n'est ni une barbarie sans normes ni un acte politique infra-moral. Deuxièmement, les raisons du recours aux terrorismes doivent être évaluées : selon Walzer, elles ne trouvent pas de légitimation dans la « théorie de l'agression ». Troisièmement, les conventions de la guerre s'appliquent au terrorisme même s'il est une figure ambivalente de l'action militaire.

Les révolutionnaires n'ont pas le monopole du terrorisme

L'usage du terme « terrorisme » est à lui seul éclairant : au xxᵉ siècle, le mot « terrorisme » est utilisé par les autorités établies et les partis conservateurs pour stigmatiser les groupes révolutionnaires, notamment communistes. Pour évaluer moralement le terrorisme, il convient de congédier l'illusion véhiculée par cette utilisation partisane de la notion. Avant d'être un concept de technique militaire, comme les tactiques de « blocus » et de « siège », avant de constituer une notion philosophique, le terrorisme est un ensemble de représentations et de clichés utilisés dans le combat politique. Le terme n'est pas d'abord descriptif. Il est polémique. Walzer en trouve un signe dans le fait qu'aucun mouvement politique ne se revendique « terroriste » alors que ce type de violence est répandu. Il note ainsi ailleurs que : « De nos jours, personne ne fait l'apologie du terrorisme, pas même ceux qui le pratiquent régulièrement[1]. »

Utiliser sans réflexion le mot « terrorisme », c'est prendre parti dans une lutte politique et géopolitique entre révolutionnaires et conservateurs, c'est émettre une série de jugements politiques intuitifs. Il en va ainsi dans le débat public contemporain : dominé par les attentats du 11 septembre 2001, celui-ci établit une équivalence quasi-réflexe entre « terrorisme » et « djihadisme international » sans prendre ni recul historique ni perspective conceptuelle sur le concept.

Le terrorisme, s'il est abordé d'un œil plus neutre et en tout cas extérieur au débat politique et partisan, est en réalité souvent utilisé par tous les camps en présence : réactionnaires et révolutionnaires, autorités publiques et groupes clandestins. Si on adopte une perspective descriptive minimale et quasi tautologique, on constate que le terrorisme est « l'usage de la terreur » historiquement commun à des États et à des groupuscules. Autrement dit, **le terrorisme n'a pas de contenu partisan (communiste), de projet politique (révolutionnaire) ou religieux (djihadiste) fixe** : il est avant tout une tactique, un instrument politique caractérisé par l'effet psychologique qu'il produit : la terreur.

---

1. M. Walzer., « Critique de l'excuse : le terrorisme et ses justificateurs », *op. cit.*, p. 80.

En quoi ce type de production de la terreur se distingue-t-il des autres moyens de pression psychologique utilisés à la guerre et en politique, comme la propagande? Le but tactique commun à tous les terrorismes est de détruire le moral d'une population donnée. C'est le cas sur les champs de batailles comme dans les rues des grandes villes. Et c'est à partir de ce but tactique qu'il est possible de dégager un ensemble de caractéristiques distinctives du terrorisme, par précisions successives.

Précisions quantitatives d'abord : la terreur est systématique au sens où elle est massive. Il s'agit d'inspirer une peur extrême non à un individu mais à une population entière par un ensemble de moyens soigneusement choisis.

Précisions qualitatives ensuite : si le terrorisme est barbare, aveugle ou fou, il a toutefois l'esprit de système pour sélectionner des moyens particulièrement adaptés à la fin proposée : terroriser. Et il met en place un instrument de production de la terreur radicalement distinct de la terreur ponctuelle. Il ne s'agit pas de saisir une occasion pour inspirer la terreur à l'occasion d'une tactique militaire plus large. La terreur est la cheville ouvrière de la stratégie délibérée, articulée et répétée.

Les instruments emblématiques de l'action terroriste ne doivent pas aveugler sur la dynamique terroriste. La partie ne doit pas masquer le tout et les moyens ne doivent pas occulter la fin : si la bombe devient le symbole du terrorisme anarchiste des années 1870-1890 en Europe et aux États-Unis, si la prise d'otages résume souvent dans l'opinion le terrorisme du Moyen-Orient durant les années 1960-1980 et si l'usage d'avions contre les bâtiments de New York et de Washington hante la conscience collective dans les années 2000, il convient d'éviter l'effet de sidération. Les moyens terroristes évoluent sans que la structure de la stratégie change. Le terrorisme est plastique dans ses moyens mais invariable dans son but : produire la terreur. De même, le terrorisme n'intervient pas seulement dans le cadre de la paix : le terrorisme peut être utilisé par des forces armées conventionnelles, des groupes infra-étatiques illégaux, etc.

Walzer réalise une série de clarifications rendues hautement nécessaires par la prolifération du mot « terroriste » : le terrorisme n'est ni l'apanage des révolutionnaires, ni réductible à ses techniques emblématiques, ni cantonné aux rues des villes en paix. Il est une ligne d'action fondée sur la production de la terreur. Et cette passion est tout à fait spécifique : elle répand dans toute une société le syndrome de l'otage. Ainsi Walzer précise, ailleurs : « En tuant un certain nombre de victimes, on se constitue un vaste nombre d'otages vivants mais terrifiés. C'est là qu'apparaît la perversité propre au terrorisme : non seulement il massacre des innocents mais il laisse la terreur s'insinuer dans la vie quotidienne, fait violence aux projets individuels, propage l'insécurité dans les espaces publics, oblige à prendre des précautions sans fin. [1] » Le terrorisme place les sociétés et les pouvoirs publics devant une mission sans fin qui paralyse ses conditions d'existence : prendre des précautions infinies dans la vie quotidienne.

Qu'est-ce qui est véritablement visé par la violence à travers le « moral » d'une population ? C'est sa capacité

1. M. Walzer, « Critique de l'excuse : le terrorisme et ses justificateurs », op. cit., p. 81.

à résister, à décider de façon autonome ou souveraine et, plus largement, à assumer librement son existence.

LE TERRORISME, « MEURTRE ARBITRAIRE D'INNOCENTS »

Cette formule est centrale pour la philosophie walzerienne du terrorisme. Elle peut sembler évidente et même banale. Elle a toutefois un sens précis, et même technique. Elle qui constitue le socle des distinctions descriptives et normatives que Walzer établit concernant les différents types de terrorisme.

Précision liminaire, la méthode la plus caractéristique du terrorisme est de tuer les victimes et non pas « seulement » de les contraindre par la propagande, la menace, l'intimidation ou la restriction des libertés individuelles. Le terrorisme est meurtrier car la violence létale est le moyen le plus approprié pour répandre la terreur et non pas seulement instiller la méfiance. C'est la première caractéristique essentielle du terrorisme.

Deuxièmement, le terrorisme frappe des « innocents ». Il ne s'agit pas, pour le terrorisme, de faire des victimes innocentes par opposition à des victimes coupables, soit sur le plan moral, politique ou judiciaire. Le terrorisme ne tue pas des personnes exemptes de tout défaut moral ou de toute condamnation judiciaire. L'innocence dont il est question est minimale : elle est statutaire. C'est celle des conventions de la guerre où sont innocentes les personnes non-combattantes. A la différence des soldats, les civils n'ont pas le statut d'agents – potentiels ou réels – de la violence armée internationale. Comme le recours à la violence armée ne leur est jamais permis, sauf en cas de légitime défense, ils sont « innocents » au sens où ils ne prennent pas part aux conflits armés. Porter un uniforme et des armes apparentes signale au contraire la différence de statut des soldats : ils ne sont pas « coupables » mais ils sont responsables de la mise en œuvre de la violence armée. En conséquence, le terrorisme est inacceptable non pas parce qu'il vise des personnes qui ne le méritent pas mais parce qu'il vise des personnes qui ne sont pas autorisées à participer à un combat. C'est la deuxième caractéristique et le principal motif de condamnation morale du terrorisme : **les victimes sont statutairement innocentes**.

Si on compare le terrorisme avec les crimes de droit commun, viol, meurtres, etc., on perçoit la singularité de l'attaque terroriste. Comme l'indique Walzer ailleurs : « Dans un certain sens, il est vrai, le terrorisme est bien pire que le viol et le meurtre ordinaires : ceux-ci repèrent leur victime dans un but précis ; l'homme ou la femme en question fait directement l'objet d'une attaque qui a des raisons, fussent-elles perverses ou cruelles. Les victimes d'une attaque terroriste ont quant à elles le statut de tiers, de spectateurs innocents. Il n'y a aucune raison particulière de les attaquer : n'importe qui d'autre, dès lors qu'il appartient à une catégorie étendue de personnes (qui ne se connaissent pas), ferait aussi bien l'affaire. Ce que vise l'attaque indiscriminée, c'est la catégorie dans son entier. [1] »

Selon les catégories de victimes, l'innocence connaît des gradations. Les représentants officiels de l'État n'ont pas le même statut moral que les civils et les militaires en raison de leur relation aux conflits. Assassiner un ministre de la défense, est-ce frapper un « innocent statutaire » ?

---

1. M. Walzer., « Critique de « l'excuse » : le terrorisme et ses justificateurs », *op. cit.*, p. 80.

Pour Walzer, les acteurs politiques d'un État ne sont ni civils ni militaires : ils partagent avec les civils l'absence d'uniforme mais ils partagent avec les militaires d'être responsables de la violence armée car ils ont participé à son administration. En somme, ils ne peuvent être tenus pour « innocents » au même titre que les passants dans un marché de rue : « On pourrait même accepter plus facilement le meurtre des représentants de l'État que celui de soldats, dans la mesure où un État recrute rarement son personnel politique, alors qu'il recrute les soldats : les représentants de l'État ont choisi leur carrière. [1] »

Troisième précision, le terrorisme tue de **façon arbitraire** : la violence létale s'exerce en se donnant au maximum l'aspect d'actes dont le lieu, le temps, les circonstances ou les effets n'ont pas de raisons particulières et notamment pas de justification tactique, opérationnelle ou stratégique. Les cibles ne sont pas individuellement frappées ou nommément visées. Bien entendu, ce sont des « innocents » qui sont sélectionnés pour être l'objet de la violence. Mais cette « sélection » est très grossière : il suffit au terrorisme de faire des victimes dans un groupe donné pour répandre la terreur dans ce groupe.

La méthode terroriste se distingue, d'un côté, des crimes de droit commun, et, de l'autre, des tactiques militaires classiques : les cibles des forces armées sont sélectionnées précisément. Ainsi, telle infrastructure vitale (un pont, un central téléphonique, un réseau), telle division d'armée (les forces aériennes) ou telle institution (un ministère) sont visées pour que leur destruction produise un effet militaire précis : changer

---

1. M. Walzer, *Guerres justes et injustes, op. cit.*, p. 368.

le rapport de force. Le terroriste ne cherche pas à directement renverser le rapport de force opérationnel mais à infléchir la psychologie collective d'un groupe large pour agir indirectement sur les autorités publiques chargées de définir la stratégie militaire et politique de la communauté.

Attentats à la bombe comme dans la station du RER B Saint-Michel, détournements d'avions civils pour abattre des bâtiments symboliques et tuer massivement des fonctionnaires et des passants comme lors des évènements du 11 septembre 2001 aux États-Unis, bombardements de populations civiles dans les centres-villes comme ceux réalisés par la Royal Air Force et l'US Air Force du 13 au 15 février 1945 sur Dresde, prises et exécutions d'otages comme à l'école de Beslan le 1 er septembre 2004 en Ossétie du Nord, déportations de masse comme durant la Deuxième Guerre mondiale ou les Grandes Purges en URSS de 1936 à 1938, etc., toutes ces techniques ont en commun le meurtre organisé mais non sélectif et non militairement nécessaire. C'est ce qui instille dans une population un sentiment de vulnérabilité généralisée.

A contrario, si cette violence était ciblée et justifiée de façon précise même si cruelle, le cercle du danger, et donc la zone de la peur, pourrait être circonscrit et délimité. Telles personnes (les membres d'un parti) sont des victimes potentielles et telles autres (civils, enfants, vieillards) sont exemptes de danger. La « frappe aveugle » est indifférente aux statuts des personnes. Elle a cette propriété de susciter une peur générale.

Plusieurs difficultés émergent de cette caractérisation du terrorisme par sa tactique.

Première difficulté : les victimes des terroristes sont-elles « innocentes » aux yeux de ceux-ci ? En effet, les terroristes eux-mêmes contestent l'innocence de leurs victimes. Pour justifier l'usage de la violence contre des populations civiles, ils détournent les catégories du langage ordinaire et dilatent les cercles de la responsabilité et de la culpabilité. Par exemple, pour un terroriste anarchiste de la Belle Époque, tout bourgeois concourt à une oppression de classe et est donc, à un certain degré, coupable. De même, pour un terroriste palestinien des années 1970, tout citoyen israélien concourt, d'une façon ou d'une autre, à une occupation coloniale. Enfin, pour les terroristes islamistes contemporains, les populations civiles des pays occidentaux, même musulmanes, participent à l'impiété de l'Occident et sont donc responsables d'une domination impie. L'enjeu de la discussion sur l'innocence est que, notion vague dans le langage ordinaire, elle peut donner lieu à des extrapolations et des détournements. Il convient donc de dissiper les ambiguïtés sur l'innocence statutaire : le terrorisme vise des victimes innocentes objectivement et non pas subjectivement. Quelles que soient leurs opinions, elles ne concourent pas directement à des actes d'hostilité armée. Cela suffit à les exclure du groupe des victimes légitimement visées.

Deuxième difficulté : le terrorisme est-il sélectif ou non ? À la fois arbitraire mais prémédité, frappant au hasard mais se définissant par le statut des victimes, le terrorisme selon Walzer peut paraître sombrer dans la contradiction : « La mort doit frapper, au hasard, des individus français ou allemands, des protestants irlandais ou des juifs, simplement parce que ce sont des Français, des Allemands, des protestants ou des juifs.. » écrit-il.

En effet, le meurtre n'est plus parfaitement arbitraire s'il cible une nationalité ou une confession. La précision qui manque ici est que les victimes sont soigneusement choisies mais qu'elles le sont sur des critères qui sont externes à la rationalité militaire ou à la responsabilité morale : elles tombent car elles ont une caractéristique collective et non parce qu'elles ont un intérêt tactique ou un défaut moral. L'essentiel pour Walzer est d'insister sur la « caractéristique essentielle » du terrorisme autrement dit la régression nécessaire de l'objectif (briser le moral d'une population en suscitant la peur généralisée) aux moyens (le meurtre de victimes non combattantes).

La définition walzerienne du terrorisme comme « meurtre arbitraire de victimes innocentes », loin d'être triviale, résulte de la double comparaison avec les crimes de droit commun et les tactiques militaires : ni propagande, ni menace, il use d'une violence létale ; arbitraire au mépris des règles militaires et des cadres politiques, il prend ses victimes parmi les non-combattants pour susciter le maximum de terreur. C'est ce qui justifie la condamnation sous-jacente du terrorisme : celui-ci frappe des victimes qu'aucune règle morale et aucune nécessité militaire n'autorisent à tuer.

UNE TACTIQUE D'« APPROCHE INDIRECTE » DE L'ENNEMI

La quatrième et dernière précision de Walzer sur la méthode terroriste concerne les fins recherchées par les terroristes en déclenchant la terreur. Elle est téléologique là où les précédentes sont matérielles. Le terrorisme tue arbitrairement des civils « jusqu'à ce qu'ils se sentent fatalement exposés et qu'ils exigent de leurs

gouvernements des négociations pour leur sécurité. »
Le caractère indirect des activités terroristes apparaît
ici : par la terreur, les terroristes essaient d'infléchir les
attentes des citoyens à l'égard des pouvoirs publics. En
posant des bombes, les terroristes incitent les populations
terrorisées à réclamer un changement de politique de
sécurité, de politique sociale ou de ligne diplomatique de
leurs autorités publiques. Faire libérer des otages, faire
transiger un État dans une grève, arracher des concessions
dans un régime colonial ou obtenir l'indépendance, tels
sont les objectifs visés indirectement par les terroristes
dans le meurtre arbitraire de victimes innocentes.

Qu'il s'agisse d'un conflit international, d'une guerre
civile ou d'une lutte politique nationale est moralement
indifférent. C'est que le terrorisme est à mi-chemin entre
une technique militaire et une tactique politique. Dans un
contexte de guerre, il s'apparente à la « petite guerre » ou
guérilla auquel Walzer consacre le chapitre XI de *Guerres
justes et injustes*[1]. Dans une guerre, quand le rapport de
force est défavorable à un des adversaires, celui-ci peut
utiliser plusieurs techniques d'évitement de l'affrontement
en règle : fuite, désinformation, sabotage, etc. La guérilla
utilise la surprise, la clandestinité, etc. comme autant de
moyens pour renverser le rapport de force. Walzer se
rapproche ici de la caractérisation de la guerre de partisan
de Carl Schmitt dans *Théorie du partisan*[2]. Comme le
terroriste, le partisan est un combattant irrégulier, engagé
politiquement, qui compense sa faiblesse militaire par
une souplesse tactique particulièrement développée.

1. M. Walzer, *Guerres justes et injustes*, *op. cit.*, p. 327-361.
2. C. Schmitt, *Théorie du partisan*, *op. cit.*, p. 217-224.

En ce sens, la guérilla et le terrorisme ont en commun d'être une tactique « du faible au fort ». Le terroriste est incapable de remporter la victoire dans une bataille classique et recourt donc à une approche indirecte de l'ennemi.

Walzer et Schmitt se distinguent des théoriciens anticolonialistes et anti-impérialistes qui, comme Noam Chomsky,[1] considèrent que le terrorisme est d'abord une arme des forts. Le terrorisme des faibles autrement dit des États peu armés ou peu développés, des peuples sans État ou des populations opprimées par les États, ne serait qu'une réplique à un terrorisme premier et initial, celui des puissants. C'est une des quatre justifications du terrorisme que Walzer récuse comme concourant à « la culture de l'excuse[2] ». Selon celle-ci, le terrorisme est justifié car elle est le dernier recours des désespérés, l'arme des peuples opprimés contre des États, qui réalise les objectifs des opprimés sans réclamer leur participation et est, de toute manière un moyen politique universel. Toutefois, pour Walzer, aucune de ces excuses n'autorise le terrorisme à s'affranchir des règles minimales de distinction entre combattants. D'autant moins que la réalité historique montre que bien des opprimés se sont libérés sans terrorisme, comme l'Inde, et que les groupes terroristes choisissent en fait ces tactiques bien avant d'avoir essayé sans succès les autres techniques de lutte, elles, respectueuses de la distinction entre combattants et non-combattants. Il écrit ainsi : « Dans les faits, la plupart des fonctionnaires et des activistes qui plaident

---

1. N. Chomsky, *L'Occident terroriste. D'Hiroshima à la guerre des drones, op. cit.*
2. M. Walzer., « Critique de « l'excuse » : le terrorisme et ses justificateurs », *op. cit.*, p. 80.

en faveur d'une stratégie terroriste le font en premier lieu ; ils prennent ce parti dès le début.[1] »

Qu'il soit celui des puissants ou des faibles, sur le plan militaire, le terrorisme reste condamnable, pour les mêmes raisons : absence de distinction entre les statuts des victimes et préparation de la domination politique. Il écrit ainsi : « On nous demande souvent de distinguer le terrorisme des opprimés du terrorisme des oppresseurs. Mais où est la différence ? Le message est le même dans les deux cas : le terrorisme nie l'appartenance au peuple et à l'humanité des groupes où il puise ses victimes. Il anticipe, voire il impose la domination politique.[2] »

Le terrorisme est une « approche indirecte » de l'ennemi à plusieurs égards. **Indirecte dans le choix de ses victimes** : il ne vise pas directement l'ennemi dans ses forces armées mais des populations civiles placées sous la protection des autorités et des forces armées. **Indirecte dans l'exercice de la violence** : celle-ci est asymétrique car elle évite d'être en prise directe avec celle de l'ennemi pour emporter la décision politique sans combat réel. **Indirecte dans sa stratégie** : le terrorisme vise à induire l'ennemi à prendre des décisions favorables à sa propre cause, par exemple, réaliser des attentats déclenchant des vagues de répression qui rendront l'ennemi impopulaire dans la population civile. **Approche indirecte également dans la conception de la victoire** ou de l'« état final recherché » : le succès ne consiste pas à défaire les armes ennemies mais à démobiliser l'ennemi en faisant que ses forces armées soient démobilisées.

---

1. *Ibid.*, p. 84.
2. *Ibid.*, p. 89.

C'est donc à la fois le statut (non-militaire) et la valeur (injustifiée) de l'action terroriste qui est en jeu dans l'approche indirecte de l'ennemi. C'est ce que Walzer souligne en rapportant la formule du militaire britannique concernant le bombardement de civils durant la Deuxième Guerre mondiale : s'interroger sur l'« esprit militaire » des autorités qui bombardent des civils, c'est dénier, au nom de la fierté professionnelle du soldat, le statut d'action militaire au terrorisme. C'est aussi souligner que la valeur morale des actions terroristes est hautement discutable. En somme, l'ambiguïté opérationnelle (acte de guerre ou non ?) et l'incertitude axiologique (justifiée ou non ?) du terrorisme le placent dans un entre-deux que résume la formule de Walzer dans son texte : « On pourrait dire qu'il est la continuation de la guerre par des moyens politiques. ». Le terrorisme sape des normes morales et des codes de l'honneur du soldat.

Quelle est la portée de l'inversion de la formule de Clausewitz « la guerre est la continuation de la politique par d'autres moyens » ? Walzer souligne ainsi que le terrorisme efface la frontière entre, d'une part, la vie civile où les différends sont réglés par la négociation et le droit et d'autre part la guerre où c'est la violence armée qui résout ces différends. Le terrorisme est utilisé pour emporter des décisions politiques grâce à des actions de type militaire. Dans le monde clausewitzien les limites de la violence sont claires : elles commencent à la déclaration de guerre, une fois que la négociation diplomatique a échoué et s'exercent sur les forces de l'ennemi. Une fois l'armistice et la paix conclus, la politique reprend ses droits.

Dans le cas du terrorisme, toutes les frontières sont délibérément brouillées par les actes comme par les discours de justification. La limite entre le politique et le militaire s'estompe car les actions armées sont réalisées contre des civils par des troupes régulières ou des groupes clandestins irréguliers ; la frontière entre le diplomatique et le militaire s'efface en raison du refus de la logique militaire du rapport de force direct ; la frontière entre la guerre et la paix devient poreuse dans la mesure où le terrorisme importe, dans la vie civile, des violences armées ; la division entre les innocents et les responsables est contestée. Dans le terrorisme, politique et conflit armé se confondent au lieu de se distinguer comme dans la conception clausewitzienne de la guerre et de la paix.

Le terrorisme quitte les modes d'hostilités classiques qui fondent le « code politique » et la tradition militaire : le rapport politique à l'adversaire et le rapport guerrier à l'ennemi se confondent alors que chacun d'entre eux encadre la violence. Walzer est ici proche des catégories que Carl Schmitt met en évidence chez Lénine : le terrorisme fait basculer la violence dans l'hostilité absolue. « La guerre issue de l'hostilité absolue ne se connaît pas de limites. (...) Son ennemi absolu était, concrètement, l'ennemi de classe, le bourgeois, le capitaliste occidental et son ordre social dans tout pays où régnait celui-ci. [1] »

DE LA LUTTE POLITIQUE AU CONFLIT MILITAIRE (ET RETOUR)

Si le terrorisme est hybride tactiquement (militaire et civil) et ambivalent moralement (souvent excusé mais jamais justifié), c'est qu'il est fondamentalement au service d'un projet de domination tyrannique. C'est,

---

1. C. Schmitt., *Théorie du partisan, op. cit.*, p. 258.

selon Walzer, la dynamique commune aux insurgés, aux révolutionnaires, aux États autoritaires et aux systèmes totalitaires. Le trait constitutif du terrorisme consiste à assassiner des non-combattants afin de susciter la terreur dans toute une population. C'est la logique de la soumission par la paralysie des populations.

La référence à la théorie aristotélicienne de la tyrannie révèle l'intention profonde de tout terroriste, qu'il soit militaire ou non : briser la résistance d'une population, préparer son obéissance, renverser les aspirations collectives, éradiquer les forces d'opposition grâce à une terreur calculée, n'a rien de spécifiquement militaire ou révolutionnaire. C'est la pratique courante des tyrans. Cette critique du terrorisme est au centre de la philosophie walzerienne du terrorisme. Ainsi, il écrit ailleurs : « Il serait utile de considérer plus amplement ce rapport entre oppression et terreur. Le nier, c'est ignorer les témoignages de l'histoire (…) : l'oppression n'est pas tant à l'origine du terrorisme que le terrorisme n'est l'un des moyens premiers de l'oppression. C'était le cas dans les temps anciens, comme Aristote l'a admis, et c'est encore le cas aujourd'hui. Les tyrans gouvernent en terrorisant leurs sujets ; des régimes injustes et illégitimes persistent en alternant des actes de violence tour à tour ciblés et aléatoires. [1] »

Le terrorisme contamine ce qu'il touche, autorités politiques ou commandement militaire, services de police et sociétés civiles. C'est le plus grand danger qu'il fait subir aux démocraties. Walzer écrit ainsi : « La terreur se reproduit dès lors non pas dans la succession

---

1. M. Walzer, « Critique de « l'excuse » : le terrorisme et ses justificateurs », *op. cit.*, p. 95.

temporelle, mais par contamination idéologique. Les terroristes d'État mènent des guerres sanglantes contre des ennemis pour la plupart imaginaires : les colonels d'armée, par exemple, traquent les représentants du « communisme international ». Ou, les terroristes des mouvements de libération mènent des guerres sanglantes contre des ennemis avec qui, n'étaient leurs divergences idéologiques, ils pourraient aisément négocier et pactiser : ce sont des nationalistes fanatiques, engagés dans un irrédentisme sans trêve. Ces guerres (...) risquent de devenir elles-mêmes des précédents, d'initier un cercle de terreur et de contre-terreur qui ne cessera d'opprimer les hommes et les femmes ordinaires. [1] »

Cette puissance de contamination se constate dans l'ébauche d'histoire de la tyrannie que propose Walzer : le terrorisme politique des tyrans a contaminé les militaires, au XIXe siècle dans les guerres de partisans, et au XXe siècle, dans les Guerres mondiales. Et, en retour, les militaires ont servi de modèles aux révolutionnaires qui ont militarisé l'action politique en lui faisant adopter des tactiques de guérilla et des techniques terroristes. Non seulement le terrorisme n'est l'apanage d'aucun courant politique (communiste ou réactionnaire) ni d'aucune organisation (État ou groupe clandestin) car il est le levier privilégié de toutes les entreprises de domination tyrannique.

Le contre-terrorisme est donc lui aussi exposé à la tentation tyrannique quand il recourt à des techniques de contre-insurrection (actions clandestines, torture, espionnage massif, usage d'agents provocateurs, etc.) : « L'oppression a d'abord permis d'excuser le terrorisme ;

1. *Ibid.*, p. 97.

à présent, c'est le terrorisme qui devient une excuse pour l'oppression. Le premier argument est celui de l'extrême gauche ; le second celui de la droite néoconservatrice. [1] »

Walzer se rapproche ainsi des thèses d'Agamben sur l'état d'exception : face au terrorisme, et au motif de la lutte contre celui-ci, les démocraties libérales habituent les populations civiles à un mode de gouvernement tyrannique où la législation est suspendue [2] et où la violence se propage en une guerre civile mondiale [3]. Le cercle vicieux des attentats et des représailles lance non seulement un cycle de violence mais aussi une spirale de la tyrannie.

BANALITÉ DU TERRORISME
ET DÉCLIN DU CODE POLITIQUE

Proliférant constamment, se propageant dans les pratiques militaires et les tactiques politiques, le terrorisme met à bas le code politique qui contingente et limite la violence armée dans le règlement des différends. Les bornes temporelles, les limitations spatiales, les codes de l'honneur militaire et les traditions politiques disparaissent avec l'abolition de la frontière entre combattants et non-combattants.

Est-ce à dire que tous les terroristes sont dénués de « code de l'honneur » ? Pour faire droit à cette objection Walzer, dans la suite du chapitre, prend note de ces exceptions à la fin du code politique. Comme le Camus

---

1. M. Walzer, « Critique de « l'excuse » : le terrorisme et ses justificateurs », op. cit., p. 93.
2. G. Agamben, État d'exception. Homo Sacer, op. cit., p. 202.
3. Ibid., p. 251.

des *Justes*[1] et de *L'homme révolté*, il relève que certains terroristes ont refusé de perpétrer des attentats au motif que des civils pouvaient être touchés. Ce sont les « meurtriers délicats[2] » : même la cause la plus juste ne permet pas de tuer des innocents, en l'occurrence les enfants du Grand-Duc Serge, visé par les révolutionnaires russes. De même, lors de l'assassinat de Lord Moyne en 1944 au Caire par le groupe Stern, un groupe sioniste d'extrême droite, l'assassin du haut dignitaire britannique refusa de tirer sur les policiers égyptiens qui le poursuivaient et se fit arrêter. Walzer commente ainsi ces cas de terrorisme préservant le code politique : « Ces cas ont un point commun : les « terroristes » font une distinction, qui a une signification morale, entre les gens qu'on peut tuer et ceux que l'on ne peut pas tuer.[3] »

Mais ces occurrences sont rares au regard de la capacité de contamination du terrorisme. Abordé comme un des modes de la violence armée non régulée, le terrorisme fait voler en éclat les limites à la violence et les frontières de la politique. Au moyen de meurtres d'innocents, le terrorisme prépare la domination tyrannique. Il consacre la « bellicisation » de la politique autrement dit, il installe la guerre dans la politique.

1. A. Camus, *Les justes*, Paris, Gallimard, 1949.
2. A. Camus, *L'homme révolté*, *op. cit.*, p. 211.
3. M. Walzer, *Guerres justes et injustes*, *op. cit.*, p. 366.

TABLE DES MATIÈRES

Dépôt légal : août 2018 – IMPRIMÉ EN FRANCE
Imprimé en août 2018 sur les presses de l'imprimerie « La Source d'Or »
63039 CLERMONT-FERRAND – Imprimeur n° 20520K